Asas para o infinito

Edição e distribuição:

Caixa Postal 1820 – CEP 13360-000 – Capivari-SP
Fone/fax: (19) 3491-7000 / 3491-5603
E-mail: atendimento@editoraeme.com.br
Site: www.editoraeme.com.br

Solicite nosso catálogo completo com mais de 400 títulos.

Não encontrando os livros da EME na livraria de sua preferência, solicite o endereço de nosso distribuidor mais próximo de você através do fone/fax ou e-mail acima.

Maria Eny Rossetini Paiva

Asas para o infinito

Capivari-SP
— 2006 —

ASAS PARA O INFINITO
Maria Eny Rossetini Paiva

3ª edição – abril/2006 – 1.000 exemplares

Capa e diagramação:
Rafael Carlo Carara

Fotolitos e impressão:
Editora EME

Ficha Catalográfica

Paiva, Maria Eny Rossetini.
Asas para o infinito. Maria Eny Rossetini Paiva, (1ª edição, abril/1999), 2ª edição abril/2006, Editora EME, Capivari-SP.
168 p.
1 – Educação – Espiritismo
2 – Prática educacional – Evangelização
CDD 133.9

Agradecimentos

A meu esposo Aylton Paiva, que muitas vezes discordando, exemplifica a tolerância e permite a livre expressão, atitudes conducentes à flexibilidade, à criatividade e à evolução dos espíritos humanos.

A Adalgiza Campos Balieiro, cujas exigências de trabalhos escritos para os Cursos de Educação Espírita que coordena, me levaram ao estudo e a esse livro.

A Silvani Daruiz e Agostinha Luiz Marra do Rio Campo, mestras na língua portuguesa. A paciência de ambas, alinhavou meu português imperfeito.

A todos os companheiros da Casa dos Espíritas de Lins e das USEs Intermunicipal de Lins e de Bauru, em especial a USE Regional - Bauru que, com seus esforços, possibilitaram realizar, na prática, projetos embasados nessas idéias.

A Maria da Graça Castanheira, Almir e Zilda del Prette, cuja amizade e paciência, tem sustentado meu entusiasmo e cujas sugestões auxiliaram a corrigir conceitos e redação.

A Silvana Janeiro Caliani e Leny Lima Botelho,

pedagogas, companheiras de trabalho profissional com as quais, durante anos, pude verificar, gratificada e surpresa, como floresce rápido o infinito potencial do espírito humano se soubermos alimentar seu desenvolvimento, como o fizemos em nossa Escola Alternativa "Piá Oendiara".

Gratidão e carinho infinitos

A autora

Índice

INTRODUÇÃO
Uma praia limpa e despoluída 9

CAPÍTULO 1
Uma história antiga de agora 17
1.1. Alguns tipos de atividades educativas que decorrem da visão otimista da vida material 23
1.2. Exemplos de como podemos realizar vivências diárias da lei de ação e reação 27
1.3. Algumas formas de trabalhar mitos e pensamento mágico 39
1.4. Alguns trabalhos educacionais que afinam corpo e espírito 47

CAPÍTULO 2
Dualismo 53
2.1. Erro e maldade 54
2.2. Definindo solidariedade 60
2.3. Auto-conhecimento 67
2.4. Os hábitos básicos da moralidade 69
2.5. A educação das emoções 72

CAPÍTULO 3

3.1. O método indutivo. A percepção no espírito 83
3.2. Como afinar o corpo com a forma de perceber do espírito 85
3.3. Abrindo novos caminhos à percepção 89
3.4. A revelação democratizada. Consenso e racionalidade como critérios 92
3.5. Revelação democrática, educação democrática 94
Diálogo com o real metafísico e educação dialogal 94

CAPÍTULO 4

Integração 101
4.1. Visão sistêmica ."Tudo se encadeia..." 102
4.2. Uma nova concepção dos instintos e das paixões .. 104
4.3. Educando para contatar os instintos e desenvolver a intuição superior 109
4.4. Um novo sentido para a infância 114
Diversidade 116

CAPÍTULO 5

Sete questões, muitas razões e algumas soluções 117
Questionamentos e respostas: tentando soluções 118

NOTAS 133

SUBSÍDIOS TEÓRICOS 135

Introdução

Uma praia limpa e despoluída

O ar límpido, o céu azul, verde a água marinha, serras beirando a praia. Tranqüilo descanso para velhos, movimento natural de terra e água, energizando a juventude.

Uma praia brasileira.

Tudo deliciosamente harmônico e, surpreendentemente, quase limpo. Famílias do mesclado racial brasileiro: há olhos orientais, pele negra, morena clara, marron "bom-bom," peles brancas com cabelos negros, e tez tão clara que o sol não doura. Todas com seus saquinhos para lixo. Quase todas buscando lixeiras. Quase todas separando lixo orgânico e lixo reciclável.

Jovens, com empregos de verão, circulam entre os banhistas. Oferecem sacos plásticos impressos com informações.

Tomo e leio interessada. Em 1996, 95% das pessoas deixavam lixo nas praias. Em 1997, apenas 5%. A Prefeitura informa quanto de lixo foi coletado, quanto foi reciclado, quantas toneladas deixaram de ser atiradas ao mar. Os vidros, plásticos, alumínios e papéis, ainda fornecem material que reciclado permite várias utilizações. O preço é 20 a 80% menor do que se utilizarmos materiais ainda não industrializados. Todos ganham com pequenos hábitos e cuidados que custam cerca de 2 a 3 minutos por dia para cada pessoa.

Mas, o que surpreende e encanta é a rapidez com que o povo passou a colaborar. Em apenas um ano.

— Com certeza, dirão os profetas do desânimo e do elitismo, são pessoas civilizadas, espíritos de europeus. Certamente, isso só pode se passar no sul do Brasil.

O preconceito falará bem alto e ouviremos em baixa voz:

— Quero ver conseguir em outros Estados, ou com os ignorantes das favelas, periferias. A sujeira e a poluição fazem parte das práticas dos povos primitivos. Desafio as campanhas municipais a educar essa gente. Com o povo ninguém pode. Que governo dá um jeito nesses ignorantes?

Continuaremos a fingir que não percebemos o alcance da educação das massas. Noventa por cento das pessoas alteraram um comportamento de poluidores, estratificado ao longo de, no mínimo, quinze anos, passando a colaborar com a limpeza e a reciclagem. Foram informadas dos resultados de sua ação e reafirmaram suas novas condutas, sem multas, sem pressões.

Allan Kardec diz, em "Obras Póstumas"[1], que a grande maioria das pessoas não é má. Apenas uma pequena parte realmente afronta as leis divinas e procura utilizar coisas e pessoas sem se preocupar em colaborar e auxiliar. Já ouvi pessoas no meio espírita dizerem que o Codificador é muito otimista e nada confirma a estatística dele. Alguns ficam

---

1 - Kardec, Allan . Obras Póstumas. As Aristocracias, pag 197 e 198. Edição Especial do Núcleo Espírita Caminheiros do Bem. LAKE- Livraria Allan Kardec Editora.

extremamente irados quando citamos isso.
Que motivos nos levam a desconhecer essa opinião ou a não divulgá-la?
Saberemos dizer o por quê? [2]
A Doutrina Espírita como Revelação, há que ter trazido ao homem, além de conhecimentos novos, uma nova forma de ver o mundo.
É essa nova visão do Universo, dos seres vivos e dos homens que o Espiritismo veio revelar e que nos compete entender, aplicando-a na prática educacional que é feita, no dia a dia de nossos Centros, famílias, obras e trabalhos.

Comumente ouvimos dizer que o Espiritismo veio revelar ao homem os seus princípios: Deus, a imortalidade da alma, a reencarnação, a lei de causa e efeito, a evolução espiritual, o mundo espiritual, a comunicabilidade dos espíritos, as leis morais, penas e recompensas que ocorrem na vida, segundo essas leis. Na verdade em 1857, quando é publicado "O Livro dos Espíritos", os homens já sabiam da existência de Deus, da imortalidade da alma, utilizavam-se, de modo mais ou menos velado, do intercâmbio com os espíritos, a maioria das religiões do planeta aceitavam a reencarnação e todas elas previam penas e recompensas para os que descumprem ou cumprem a Lei Divina. A grande Revelação do Espiritismo, consiste em romper com essas visões e mostrar tudo isso em uma nova dinâmica.

> *Parte do Conceito de Deus, ampliando o Deus de Amor de Jesus, para além das fronteiras do afeto, de modo a defini-lo como Inteligência Suprema e Causa Primária.*

---

2 - Leia em fls 65, a nota nº1 sobre essa história, para poder compreender seu propósito.

> *Mostra que a vida continuamente transcende estágios, no grande processo da **evolução**.*

> *Esclarece que a evolução, não cessa com a morte, mas é infinita. Que os mundos também infinitos comportam reencarnações progressivamente superiores. Quando o espírito se torna puro, habita os mundos celestes, cuja matéria existe em dimensões que ainda desconhecemos. Nos mundos superiores a reencarnação é quase sempre imediata. (Questão 223 de "O Livro dos Espíritos").*

> *Desvenda a existência de dois princípios no universo, **ambos ativos e interagindo um sobre o outro**. A atividade do princípio material interage com o dinamismo do princípio inteligente, na divina dialética da vida universal.*

O princípio material com seus mecanismos e dinamismos instituídos pela Mente Divina[3] e o princípio inteligente assumindo aos poucos o comando do primeiro, à medida em que desenvolve a consciência e a liberdade nas criaturas.

> *Apresenta a reencarnação como meio, como instrumento de aperfeiçoamento espiritual, de evolução dos seres.*

---

[3] - Quando escrevemos MENTE DIVINA, utilizamos uma metáfora para nos lembrar que a matéria existe sustentada por leis divinas. Seus mecanismos e dinamismos, são criações divinas, portanto bons, belos e sábios.

Renova assim a visão da vida material, apresentando-a como abençoada possibilidade de progredir mais rapidamente em direção à felicidade. Em vez de castigo, "vale de lágrimas", a vida material é, no definir de Kardec[4], a escola de aplicação em que colocamos à prova nossas virtudes e se vencemos nossos vícios.

> Reúne *fé e razão*, recusando os mitos e dogmas estabelecidos em todas as religiões, esclarece a *vida espiritual*, velada aos homens pelos que nisso tinham interesse.

Com o Espiritismo, esclarece-se a base simbólica dos mitos antigos, que inspiraram as grandes religiões, mostrando porque foram criados.

> Reabilita a **mediunidade** que, compreendida como possibilidade de todos os seres humanos, deixou de ser apanágio de santos, bruxos, ou sintoma de desequilíbrio anímico.

A faculdade mediúnica deixa, com o Espiritismo, de ser um dom de santos e bruxos, para se tornar um fato natural, a merecer estudos metódicos e experimentais.

> Inova pela compreensão da dinâmica espírito e matéria, mostrando-os como **princípios complementares**. Inaugura com isso uma dialética própria e original no pensamento filosófico da humanidade

Na dinâmica do processo evolutivo, o Espiritismo

---

4 - Kardec, Allan. A Gênese. Cap XI, item 25 final e item 26 início. Edição Especial. LAKE, s.d.

mostra uma concepção renovada do ser humano. O homem é, no início de sua evolução como indivíduo, **simples e ignorante**. Nem o homem das religiões antigas, decaído, manchado pelo pecado original, nem o das filosofias naturalistas, naturalmente bom mas pervertido pelas relações sociais.

Cada homem é um mundo resultante de suas experiências reencarnatórias.

Os sofrimentos pelos quais passa são, **em geral,** resultantes de provas escolhidas por ele mesmo.

Eventualmente pode estar limitado pela expiação, no entanto, em geral está em jornada de aperfeiçoamento, submetido a provas, como o aluno aos exames escolares.

Em qualquer situação, todavia, sempre será capaz de cumprir uma tarefa só sua, **uma missão,** que aos olhos dos homens será pequena ou grandiosa, mas importante e única para o processo evolutivo. Mesmo limitado, seu potencial de amor e inteligência pode ser cultivado, desenvolvido por uma boa educação que o fará dar seus melhores frutos.

Em educação, tendo-se tal visão, não se pode duvidar das possibilidades do espírito com sua liberdade e vontade.

É preciso procurar entender o dinamismo ainda inexplorado do corpo e da vida em seus mecanismos divinos e as formas de agir do espírito ligado a esse corpo, para poder auxiliar cada espírito a se desenvolver ao máximo.

Reconheçamos humildemente que apenas principiamos a tocar nessa interação corpo-espírito, possibilitada pela reencarnação.

Se o espírito necessita do corpo físico para poder evoluir, há de existir nesse plano físico e nessa vida, condições ideais para o progresso espiritual.

Por que motivo, continuamos a repetir mitos de antigas religiões e consideramos nossa vida física apenas oportunidade de resgate de faltas? Limitamos dessa forma nossa compreensão da vida, acabamos por desejar nos libertar dela, ao invés de usufruí-la e valorizá-la.

Nossa metodologia em Educação, apenas tangencia os caminhos sulcados pela evolução humana. A compreensão dos mecanismos da evolução, que a Ciência no estudo da matéria vem desvendando, começa a mudar a diretriz dos métodos e processos educacionais. Há muito que caminhar para, a partir de tais mecanismos, atingirmos a compreensão da interação espírito-matéria.

> *O conceito de Homem e de Vida no Espiritismo é extremamente otimista, embora profundamente realista. Não há bondade natural, mas potencialidade natural para o bem, para o belo, para a verdade.*

O bem, o belo e a verdade serão conquistados por nós, conforme formos progredindo e desenvolvendo inteligência e amor. Por tal motivo, ninguém tem o direito de considerar a sua visão de belo, de verdade e de bem, como a única verdadeira.

Essa posição de humildade diante da verdade, reflete-se numa imensa tolerância para com as diversas visões da vida.

Não existem em nós tendências para o mal. Não há no ser humano, inclinação natural ao mal. Surge o mal, como contingência pela conduta de espíritos que no desenvolver de sua liberdade, na luta pela vida, agem com consciência do mal que irão praticar, indiferentes à vida e ao semelhante. O mal está na intenção.

Desviar o ser humano do desenvolvimento natural e prazeroso de seu potencial de bondade, de beleza e de sabedoria, limitando sua pesquisa da verdade, suas experiências do belo e suas vivências de amor, significa estar sufocando as potências do espírito, limitando o divino em nós. As conseqüências terão de ser desastrosas como têm sido em nossa sociedade.

Capítulo 1

Uma história antiga de agora

Na reunião de estudos no Centro Espírita, discutia-se a espiritualização do homem.

— É preciso que abandonemos os impulsos materiais. A matéria é pesada canga a nos limitar as faculdades da alma, dizia Resende.

— Sem dúvida, se estamos presos a esse corpo tão inferior, acrescentava Matilde, é porque nossas imensas dívidas a ele nos agrilhoam. Espíritos falidos, temos durante séculos perdido as oportunidades e não atendemos ao chamamento divino, voltando as costas a Jesus.

— Não é à toa, ponderava Inocêncio, que sofremos tanto. Ainda não nos libertamos dos apelos materiais, nossos instintos falam muito alto. Ainda somos escravos da comida, do conforto material, do sexo. Se não aprendermos a superar a matéria, não conseguiremos evoluir. Com desgosto rendo-me diariamente aos apetites materiais. Gostaria muito de ser puro espírito mas, sei que ainda estou longe dessa felicidade. Meus apetites orgânicos são fortes. Ainda não consigo amar com desprendimento. Vocês não imaginam como desejo voar ao ninho celeste, deixando para sempre as injunções da matéria.

— Fico imaginando, reagiu Cristiane, se para evoluir precisamos ter tanto horror ao nosso corpo carnal. Seus impulsos hão que ser bons, sua vitalidade uma deliciosa experiência, necessária ao desenvolver das sementes de nossa inteligência e de nosso amor. Por que tamanho desprezo pelo corpo?

— Não se trata de desprezo, procurou esclarecer Resende, é que a inferioridade de nosso mundo incomoda os espíritos que se espiritualizam e, mais ainda os que são realmente superiores. Enquanto nos iludirmos com esse mundo material, não poderemos alçar o vôo maravilhoso à nossa verdadeira pátria – o mundo espiritual. Nós, que já sentimos isso, podemos dizer que somos estrangeiros nesse mundo materializado, desejando voltar à nossa verdadeira pátria – o mundo espiritual.

Cristiane ouvia atenta e indagou:

— O mundo espiritual não é também feito de matéria especial, mas ainda assim matéria em outra dimensão? Nas descrições, recebidas pelos médiuns, dos planos iluminados ainda que próximos de nossa Terra, não temos sociedades, edificações e relacionamentos semelhantes aos nossos, embora aperfeiçoados?

Silvino, o jovem português, respeitado por seus conhecimentos, interveio:

— Penso que estamos a reviver, nessa discussão, velhos preconceitos de outras religiões. A idéia da queda do homem na matéria, o horror aos impulsos corporais, são tradições muito fortes em nossa cultura tanto no Brasil como em Portugal.

— A idéia de que o religioso deve ser uma pessoa totalmente independente do corpo, vem sendo ensinada desde que os sacerdotes na antigüidade se organizaram. Ela é básica para que eles possam exercer sua dominação nos espíritos sob sua influência. Divulgando a idéia de que somos voltados ao mal, dominados pelos impulsos corporais, fomentam a idéia de fraqueza no ser humano. Fraqueza que eles exploram segundo seus interesses e paixões (era novamente a entusiasta Cristiane) quem falava.[1]

O tranqüilo e culto lusitano acrescentou a seguir:

— Esse é um dos motivos, que levou Kardec[2] a declarar que as religiões têm sido sempre instrumentos de dominação e que os pretensos messias e reveladores surgem explorando a credulidade dos iludidos, para atender sua cupidez, sua indolência, seu orgulho.

— Estamos repetindo, na opinião de vocês, velhas atitudes de outras crenças, indagou Inocêncio?

— Acho perigosa essa posição de vocês, em favor do corpo e dos seus instintos inferiores, era Matilde a expor sua preocupação.

O jovem português alisou os bigodes e a barba e sorriu:

— O corpo tem energia vital. Os impulsos próprios dessa vitalidade hão de ser maravilhosos e bons, uma vez que são produtos da evolução, presidida pela Inteligência Suprema a se manifestar em todas as suas obras.

— São as nossas emoções, as nossas paixões desequilibradas que nos fazem utilizar erroneamente esse valioso instrumento de nossa evolução. Comer demais, utilizar o sexo com desequilíbrio, lutar por conquistar bens materiais muito mais do que necessitamos para gozar e destruir não são formas de agir impostas pelo corpo, muito menos pelo mundo material. Aliás, Deus, quando criou o Universo, o fluido Cósmico Universal e o fluido vital, fez sempre o melhor, pois é perfeito. A vida e o Universo

---
1 - Veja Subsídios Teóricos, no final do texto, n.º 1- Uma das origens do horror à matéria na história do Cristianismo.
2 - Kardec, Allan. A Gênese, Cap I , item 8. LAKE- Edição Especial, s.d.

são obras divinas e como tais depositárias de beleza e da sabedoria do Criador, argumentou novamente Cristiane.

— Ainda assim, era Matilde quem falava, não posso deixar de me preocupar com essa importância que vocês dão ao corpo e à matéria. Vejo com preocupação essas colocações modernas, pois me parece que isso está acobertando um desejo de fugir às responsabilidades de espiritualização. Considerando o corpo e a matéria bons, sua influência sadia, vamos nos entregar calmamente aos instintos inferiores e apenas gozar o prazer, chafurdando-nos no lodaçal dos impulsos materiais, sem nos preocuparmos em transcender esses gozos que nos aprisionam o coração longe do amor do Cristo.

— Não vejo porque, para sentir a alegria da vida e do uso do corpo, devamos nos entregar a paixões menos dignas, considerou Silvino. Quer me parecer que estamos a confundir alhos com bugalhos. Utilizar sadiamente o corpo, aproveitar a sabedoria do instinto a nos guiar, não nos privará da alegria de transcender os limites do instinto e desenvolver outras áreas do nosso espírito a se refletirem no cérebro corporal, permitindo a nós outros, uma vida menos fixada nas áreas instintivas. Transcender não significa abandonar, mas ir além e utilizar esses recursos divinos dentro de um novo conceito de vida.

Inocêncio agora começava a aderir aos raciocínios dos mais jovens:

— Comer, beber, manter a atividade, utilizar o sexo como expressão de amor, cuidar dos nossos filhos com o instinto de conservação, aliado ao amor filial, não me parecem coisas inconciliáveis. As injunções da matéria, entendendo-se por matéria os instintos naturais, são impulsos divinos, sadios, belos e que devem se manifestar em uma vida harmoniosa. Para nossa espiritualização, basta que não nos limitemos tão somente em atendê-las. O homem ainda próximo de sua origem animal, não aprendeu a reutilizar sabiamente o instinto. Exagera sua função, deturpa com suas paixões desequilibradas a sua real finalidade. Os animais, limitados ao instinto, utilizam-no de modo coerente e harmonioso. Nós, porém, tentamos ignorá-lo, queremos superá-lo, fingimos que não o possuímos. Às vezes, fazemos pior, temos medo dessa nossa parte, não queremos e não sabemos usar essa força. Desse modo transformamos nosso mundo íntimo em um campo de batalha entre os impulsos instintivos e nossa pretensão de superarmos a matéria. Transformamos em guerra o que pode e deve ser uma convivência pacífica e harmoniosa.

— Quem sabe, disse Resende, quando aprendermos a conviver pacificamente com nossos impulsos instintivos, não só sexuais mas os de ataque, de defesa, de fuga por medo, conseguiremos eliminar para sempre a guerra do planeta. Deve ser essa luta íntima a nos confranger o peito, a origem das guerras e conflitos armados.

— Quase nunca, ponderou Matilde, cuja curiosidade com relação à Segunda Guerra Mundial a tornara uma aplicada pesquisadora. Não é o que diz "O Livro dos Espíritos", pois a guerra como estado natural, só existe durante a fase de barbárie dos povos. Há os verdadeiros culpados pelas guerras, como explica a questão n.º 745, e as guerras modernas, são suscitadas por interesses escusos.

— A origem dessa posição de horror aos instintos naturais e de pavor à matéria, é mais antiga do que supomos. Na verdade, muito antes de ter se infiltrado no Cristianismo, foi inculcada na mente dos povos, por seus sacerdotes, líderes e filósofos, Silvino, bom conhecedor de história, esclarecia o grupo.

Prosseguiu o debate por um bom tempo. No correr das horas, muitas coisas sobre espiritualização do homem foram colocadas pelo grupo. Ficou, no entanto, a certeza de que o Espiritismo realmente rompe com os tipos de visão espiritualista propostos pela grande maioria dos sacerdotes, religiosos e profetas desde as épocas mais remotas.[3]

ANÁLISE DE ALGUNS DOS PRINCÍPIOS QUE FAZEM O ESPIRITISMO DIFERENTE DE OUTRAS RELIGIÕES E FILOSOFIAS

> — *A vida material é essencialmente voltada ao nosso progresso espiritual. A encarnação é uma necessidade, para o progresso do espírito e para a transformação e progresso material do globo em que habita.*[4]

A matéria compõe também o mundo espiritual em dimensões que desconhecemos. O próprio fluido universal, que desempenha o papel de intermediário entre o espírito e a matéria propriamente dita, é definido como matéria mais sutil, mais perfeita que se pode considerar independente.[5]

Esse princípio que representa uma grande inovação da Doutrina Espírita, envolve dois outros:

1º) Os antigos mitos da queda na matéria, da inferioridade da vida material, da aspiração íntima dos "santos" de libertar-se da matéria, caem por Terra.

2º) O mundo espiritual é composto de outros tipos de matéria. O próprio espírito tem sempre uma contraparte material – o perispírito. Mesmo os espíritos puros, não são puro-espírito.

Uma das mais importantes contribuições da Revelação Espírita ao ser humano é a de que o progresso espiritual não se faz sem a interação matéria X espírito. A evolução do espírito humano, exige a encarnação em mundos materiais, para tornar-se possível. A Terra não é, assim, um vale de lágrimas para onde fomos degredados por força de um

---
3 - Para compreender o simbolismo dessa história será interessante ler a segunda nota no final do texto, à pg. 103.
4 - A Gênese. Capítulo XI, item 24 .Edição Especial, LAKE s.d.
5 - (2) O Livro dos Espíritos. Questões n.º 27 e 28

pecado original, ou de nossa queda como espíritos. Ela nos é apresentada como uma maravilhosa escola de aplicação, em que estagiamos nos períodos iniciais de nossa evolução. A terra é, na verdade, nossa casa planetária que podemos modificar pelo nosso trabalho e que devemos transformar em um planeta de regeneração através de nosso esforço coletivo.

Isso significa que uma educação espírita deverá sempre:
1º) Criar no educando uma visão otimista da vida e uma reverência especial à Terra e à oportunidade que nos dá de transformá-la, modificando-nos ao mesmo tempo.

1.1. ALGUNS TIPOS DE ATIVIDADES EDUCATIVAS QUE DECORREM DA VISÃO OTIMISTA DA VIDA MATERIAL

a) *Projeção de filmes, livros, slides, vídeos* mostrando a grandeza do Universo. Há a série Kosmos editada nos Estados Unidos, organizada pelo astrônomo Carl Seagan, que tem excelentes momentos para isso.

b) *Músicas e canções,* cujo ritmo, vivacidade e letra cantem a beleza da vida.

Canções brasileiras ou estrangeiras, sertanejas ou não, folclóricas ou não.

As canções estrangeiras podem ser cantadas em seu idioma de origem, e depois traduzidas para o esperanto,[6] de modo a divulgar a língua universal, que foi planejada pela Espiritualidade Superior e da qual andamos muito esquecidos. Trechos de ópera, músicas e canções francesas, japonesas, americanas, alemãs, africanas, jamaicanas, todas com referências à beleza da vida e da natureza.

Sem dúvida um recurso importante para formar a visão

---

6 - Veja em Subsídios Teóricos o n.º 5- Esperanto, no final do texto.

otimista e ainda universalista da vida, porque mostrando como cada povo sente a alegria de viver.

c) *Valorizar o cancioneiro folclórico.*

Utilizando tais canções, estaremos penetrando a sabedoria popular, inestimável especialmente pela vitalidade e alegria de sua música. Há poucas canções folclóricas de qualquer povo: chinês, japonês, judeu, italiano, francês, americano, ou outros, que sejam tristes. A musicalidade natural do povo canta a alegria de viver e não a destrutividade, nem se detém nos conflitos das almas desajustadas e infelizes.

Para ensinar essa alegria contida na alma do povo, pode-se pedir para velhos avós estrangeiros ou brasileiros que venham à obra, à instituição, ao Centro para cantar com as crianças, em japonês, em alemão, em francês, em russo, em dialetos africanos, valorizando sua experiência e resgatando canções antigas e populares, brinquedos de roda ou outros que estão em extinção, varridos pelo consumismo e imposições da mídia. A música antiga dos povos, contém a sabedoria instintiva dos espíritos ainda integrados à Natureza, aquilo que modernamente se chama **sabedoria sistêmica**.[7] As sociedades mais simples, como a dos índios, por viverem **integradas** à natureza, percebem com mais clareza do que o homem moderno, os ritmos naturais, o encadeamento das coisas e seres, o respeito necessário à natureza, seus ciclos, suas cadeias. Essa sabedoria se reflete em seus folguedos, nas suas canções, no seu artesanato, na

---

7 - A sabedoria sistêmica, resulta da observação dos sistemas vivos, das interdependências e correlações existentes entre os ecossistemas. Esse tipo de sabedoria existe nas culturas mais simples, não alfabetizadas, mas foi abandonado pela tecnologia moderna e pela nossa sociedade mecanizada. Os estudiosos dessa sabedoria, consideram os princípios organizadores da natureza e dos ecossistemas superiores aos da tecnologia humana, cujo surgimento é muito recente e desconsidera as relações sistêmicas, sem as quais a vida perece.

sua dança, no seu herbanário, além de se manifestarem em seus mitos, lendas, mitos muito diversos dos mitos egípcios, gregos e outros que são básicos de nossa cultura.

d) *Selecionar com cuidado músicas espíritas.*

Há poucas músicas espíritas para crianças que tenham essa alegria e musicalidade, ritmo e beleza. Podemos aproveitar essa boa música, mas devemos estar atentos para verificar se elas ensinam a valorizar e não a desprezar a vida material, se não fazem referência a que devemos ser bons para "alegrar a Jesus".

A moral espírita é baseada na lei natural e não em autoridades. Ninguém deve ser bonzinho para agradar a professora, ao coleguinha, a Deus, ou a Jesus. Ser bom faz bem para todos e é essa vivência que nós temos que proporcionar à criança, ao jovem e ao adulto. Ser bom dá prazer.

Cuidado, porém, para que o prazer de ser bom, não fique na alegria de dar, estando nós sempre na situação de doadores, superiores, bonzinhos e os outros de necessitados, inferiores, ignorantes. Todo ato de amor é uma troca, mesmo sem querer receber, a própria lei, faz com que recebamos. Na verdade, quem já percebeu essa característica do amor, percebe, também, que, quem mais recebe, é aquele que aparentemente mais está doando.

e) *Utilizar com freqüência trabalhos corporais, incluindo danças, movimentos mímicos, expressões corporais diversas, jogos com movimentos sem utilização de palavras.*

A prevenção contra a vida material e o medo dos impulsos corporais naturais e divinos, fez com que a educação até hoje, contenha e reprima os movimentos corporais. Uma pessoa educada, para nossa sociedade, não é a espontânea, é sempre a contida, a que economiza movimentos, a rígida, a que faz tudo "sob medida".

Com tal preconceito fazemos com que as crianças e adolescentes percam o frescor natural da vida, a espontaneidade instintiva dos movimentos, a beleza rítmica da palavra acompanhada do gestual de todo o corpo, da emoção a se refletir e impulsionar nossa atividade. Por medo das paixões negativas, deixamos de permitir que as paixões positivas nos façam dançar nos movimentos naturais e harmoniosos da vida.

É simples perceber como sofremos tal limitação. Em geral nós podemos pensar em formar corais em que todos cantem em posição de sentido. Que tal corais dançantes, em que haja movimentos, momentos em que todos os integrantes, além de cantar dancem? Momentos em que um coro cante e alguns dancem? Será que muitos Centros Espíritas não impediriam a apresentação de corais assim, sob o pretexto de que suas danças não são espiritualizantes ou que podem despertar sentimentos sensuais e inadequados ao ambiente religioso?

Esse preconceito contra os movimentos espontâneos do corpo, contra a expressão simples e natural das emoções, fez com que nossa civilização destruísse nossa espontaneidade como espíritos. Matamos a beleza, deixamos de expressar o entusiasmo, a alegria, o amor, a **paixão pelo belo, pelo bem, pelo conhecer o mundo, pelo contato social**, pela descoberta do outro, pelo trabalho criativo.

Quando Jesus nos diz que, se não nos fizermos como as crianças não entraremos no Reino, procura nos fazer reencontrar essa manifestação natural, livre de hipocrisias, sedenta do belo, do bem, do amor, que é própria da criança.

Um outro objetivo decorrente dessa visão da impossibilidade da evolução sem a interação matéria-espírito em educação, é o seguinte:

2°) Em todas as oportunidades mostrar a dinâmica da existência, em que nossas ações alteram as coisas e em que somos alteradas pela resposta dessas coisas. Vivenciar

a todo instante a beleza da lei de ação e reação em sua dinâmica.

1.2. EXEMPLOS DE COMO PODEMOS REALIZAR VIVÊNCIAS DIÁRIAS DA LEI DE AÇÃO E REAÇÃO.

a) *Estabelecer relações entre todas as coisas no dia a dia das crianças e jovens.*

Desde a mais tenra idade, indagar da criança, porque certas coisas sucederam, tentando auxiliá-la a estabelecer essas ligações, inclusive entre seus atos e os atos das outras pessoas. Por exemplo: Por que, a Joana, ficou brava conosco? Qual o motivo de existirem crianças pedindo esmolas? Que motivo que nos leva a brigar com nossos irmãos em casa? Que tipo de coisa podemos fazer para evitar essa briga que não seja ceder sempre, apanhar sem reagir, mentir por medo dos mais fortes?

É a vivência diária da percepção da lei de causa e efeito.

A educação de crianças, jovens ou adultos, não se fará mostrando-se simplesmente que quem matou será assassinado, que cada um está onde necessita e concluindo que devemos nos submeter ao pai violento, à mãe alcoolista, ao irmão explorador, porque, com certeza, somos devedores de tais parentes ou em outra encarnação fizemos o mesmo. Essas explicações são simplistas e lineares. Não correspondem a real compreensão do Espiritismo. [8]

---

8 - Cada exemplo desses, deve ser explorado para mostrar que as conseqüências são **de diversas ordens:** as conseqüências mediatas e as imediatas, as conseqüências para mim e para o outro, as conseqüências sociais e as individuais, as que causarão dificuldades internas e as que prejudicarão grupos e comunidades. Estaremos ensinando assim, a pensar de forma sistêmica, verificando e examinando todas as conseqüências de um fato. Evitaremos o raciocínio simplista e reducionista, que empobrece a dinâmica da vida. Da mesma forma, para ensinar a lógica sistêmica, precisamos pensar e ensinar a pensar, em diferentes **ordens de motivos ou**

É preciso esclarecer, em primeiro lugar, distinguindo entre erro e maldade. Quando erramos por ignorância, a conseqüência de nossos atos, nos ensina a não repetir o erro. Quando erramos por calculada maldade, com intenção de usar o nosso semelhante para nosso prazer, por vingança, por orgulho deliberado, a conseqüência será diferente. Teremos aí sim, que pagar, expiando, arrependendo-nos e reparando o mal que fizemos em outra existência.

Muitas vezes, para nos libertarmos do círculo vicioso de nossa maldade deliberada, precisamos da ajuda de terceiros, de instituições. Por tal motivo, devemos ensinar a nossos educandos a buscar auxílio, orientar essa busca e fortalecer essa ajuda e não acusá-lo, dizendo-lhe simplesmente que deve pagar por sua maldade.

Quem pode auxiliar uma pessoa que vive brigando com familiares, vizinhos, patrões ou que morre de medo, não tem iniciativa, se acomoda, não sabe lutar? Além do trabalho que o Centro Espírita pode realizar, ensinando as pessoas as "vantagens" de ser bom, equilibrado, lutador e não acomodado, há trabalhos de associações voltadas a harmonização do indivíduo consigo mesmo e com o grupo, há psicólogos nos núcleos de saúde, há organizações com trabalhos diversos que podem ser "desvendados" para que as pessoas os utilizem como meios de se aperfeiçoar, **ser mais feliz e fazer os outros mais felizes**. Passes, estudos doutrinários, trabalhos espirituais, assistência aos necessitados, devem ser complementados com o trabalho dessas outras instituições.

Será muito difícil para alguém, em expiação, atingir a bênção do arrependimento e da reparação, se for acusado

---

causas: os motivos imediatos e os mediatos (que vem de nosso passado, de nossa educação, de motivos profundos, de determinantes hereditários ou culturais), os motivos internos e os que resultam de pressão social, os que se localizam no outro e os que dependem de mim, os que escapam de meu controle pessoal e os que eu posso controlar.

o tempo todo, se o enfraquecermos mostrando como foi malvado. Preservemos o seu equilíbrio emocional, ensinando-o a valorizar suas possibilidades como espírito, ter confiança em sua bondade interior e em sua capacidade de transformar-se.

Amar-se e respeitar-se. Esse comportamento, como toda ação adequada, terá sua reação na prática. Aquele que se respeite e se ame, colhe na vida alegrias infinitas.

"Ama o teu próximo como a ti mesmo." Uma pessoa que se respeita, não se permite explorar por outro, mantém-se digna e serena, não aceita invasões em sua liberdade, e por outro lado, não age de forma violenta, não procura "tirar vantagens dos outros", sabe utilizar suas emoções de forma construtiva e alegre.

É extremamente importante não se trazer a mentalidade punitiva de outras religiões e filosofias para o estudo da lei de causa e efeito.

A lei de causa e efeito tem sido utilizada para desculpar nosso orgulho e egoísmo. "Gosto mesmo de luxo, pois fui nobre e conservo minha altivez!"

"Infelizmente devo me submeter a essa situação, pois sou devedor desse espírito, que hoje me explora e maltrata". Ao invés de ser utilizada como elemento de aperfeiçoamento, a lei de ação e reação justifica e racionaliza nossa acomodação e nossa covardia.

Já presenciamos médiuns e espíritos, exigindo de pessoas sacrifícios desumanos, submissões indignas em nome dessa lei. Com isso, vamos incorporando atitudes, hábitos e idéias negativas e opressivas no movimento espírita.

Criar na criança o medo do castigo divino, não se coaduna com a visão do Espiritismo sobre Deus, como Causa Primária, cuja Justiça é plena de misericórdia e de amor. No entanto, é justamente na visão de Causa e Efeito, que o movimento espírita reflete os erros das concepções religiosas baseadas no medo. Muitas crianças espíritas dizem: "Se eu não for bonzinho e comer tudo, na outra encarnação virei pedindo um prato de comida". Ou então: "Se não for obediente e bonzinho para mamãe, voltarei sem pais na outra vida." Dessa forma repetimos velhos conceitos religiosos, instalando na mente infantil, sistemas e sintomas de muito medo, quando o Cristianismo por natureza, e o Espiritismo, por lógica, ensinam que **é o amor ao bem, e não o medo ao mal, que transforma o homem**.[9]

Instalar sistemas de medo ao invés de hábitos de amor, só faz com que as pessoas comecem a buscar soluções mágicas[10] para se sentirem seguras e não busquem a transformação de si mesmas e dos grupos em que trabalham. Assim é que há pessoas que, por medo da lei de ação e reação, dedicam-se a fazer "a caridade", a trabalhar no Centro, tão somente com o objetivo de "compensar" o mal que fazem no dia a dia ou o mal que fizeram no passado.

Repetimos, dessa forma, no sentido psicológico, as mesmas disposições íntimas que já utilizávamos em outras vidas, quando nos ensinaram que podíamos ter nossos pecados perdoados, se fizéssemos doações a obras de caridade, ou realizássemos determinados rituais obedecendo ordens dos sacerdotes.

Teremos realmente, por objetivo, a transformação do homem e do mundo, como nos ensinam os espíritos ou estamos agindo para adormecer nossa consciência e poder

---

9 - Pesquisa feita pela psicóloga Marilda Novaes Lipp, 47 anos, professora da PUC- Campinas, mostra que o medo do castigo divino é uma das principais causas de "stress" em crianças de 6 a 12 anos e pode transformá-las em adultos inseguros. As conclusões estão no livro, Pesquisas sobre stress no Brasil, lançado em fevereiro de 1997, pela Editora Papirus.

10 - Soluções mágicas são soluções que não buscam as causas reais, mas sim interferir no real através de rituais de magia. Patuás, simpatias, orações fortes e poderosas, auxílio de médiuns com "poder", trabalhos especiais, substituem a pesquisa das causas e soluções e o esforço de melhoria moral e social.

viver em paz, com nosso egoísmo e privilégios?

b) *Estabelecendo normas através de reflexões coletivas e meditação.*
 Respeitar e fazer-se respeitar. Amar a si mesmo, condição para amar o próximo. Isso significa que, nas famílias, nas escolas, aulas, trabalhos, Centros Espíritas e instituições diversas, deveríamos ter momentos de reflexão coletiva, quanto a ações e resultados das ações, buscando entender como se sucedem as coisas. Esses são os momentos de verificar se estamos amando e respeitando, se estamos nos amando e nos respeitando.

São **momentos de análise evitados e proibidos** em quase todos os grupos sociais, pois, encarar as realidades, não faz parte de nossos costumes e hábitos. Esses momentos de análise, devem ter uma regularidade.

Nos momentos de avaliação coletiva, em cada um dos grupos que citamos, iremos analisar como estamos desempenhando nossos deveres familiares, escolares, profissionais e utilizando os direitos decorrentes do exercício desses deveres. É o momento do elogio, da alegria de expressar "eu fiz meu trabalho e bem feito", do reconhecimento de todos pela cooperação que permitiu uma vida melhor para todos, mas também é o momento de encarar as falhas voluntárias ou não.

Nessa avaliação em uma família, pode-se por exemplo, discutir desde o cardápio da semana, onde cada um terá um dia seu para fazer o de que gosta, e ser responsável por tais deveres. É aí que vamos estabelecer as regras da casa, discutir as que já existem modificá-las democraticamente, analisar projetos comuns e tarefas rotineiras.

Quando estabelecemos regras, seja em classes, seja nas famílias, em Centros, ou instituições, **ao mesmo tempo,** devemos estabelecer quando avaliar e o que sucederá com quem não cumprir seus deveres. Estabelecido e contratado, deveremos ter a persistência de realizar as reuniões de avaliação e fazer cumprir o combinado quanto às conseqüências do não cumprimento do estabelecido.

Estabelecendo normas e conseqüências nos diferentes grupos estaremos ensinando a lei de ação e reação. Quando o conjunto de pessoas precisar aplicar uma conseqüência a um dos componentes do grupo que não respeitou a "lei", será o momento de mostrar a flexibilidade da lei de ação e reação ensinando a pensar de forma sistêmica, levando em consideração muitos fatores.

O grupo pode, por exemplo, dar um tempo a mais, uma "moratória", para que a pessoa cumpra o estabelecido. Pode-se analisar as causas que levaram a pessoa a falhar com o estipulado e usar de "misericórdia," estabelecendo outro tipo de "conseqüência" ou efeito, que dá o devido "desconto," levando em conta outras "causas" que dificultaram ao indivíduo cumprir o combinado. Isso, é claro, com o grupo discutindo e concordando com as mudanças e a pessoa mostrando-se capaz de mudar sua atitude.

No entanto, a **reparação**, desmentindo mentiras, falando diretamente o que foi dito pelas costas, elogiando colegas cujo trabalho não valorizamos devidamente, é ponto básico. Se o grupo determinou que quem não coopera, não irá desfrutar do passeio preparado, da festa projetada, da apresentação ensaiada, do jornal, isso pode ser até amenizado, desde que o faltoso cumpra, se possível, antes do evento, de uma outra forma, suas horas de serviço, pague pelas coisas que estragou, faça outro serviço em substituição ao que deixou de fazer. A **reparação** é princípio básico do Espiritismo e como tal, princípio básico da educação dos espíritos no lar, na escola, no Centro. **A compreensão e o perdão não dispensam a reparação.**

A idéia da reparação há que permear todo o processo educativo, desde o lar até o time esportivo.

É a falsa idéia de amor, como doação incondicional, que

faz com que deseduquemos os que mais amamos. O perdão divino deveria inspirar nossos atos. Deus nos perdoa a todo momento, porque nos ama. Por isso mesmo, a reparação de nossos erros involuntários e de nossas maldades voluntárias é obrigatória.[11]

Temos dificuldade em fazer isso, porque nos acostumamos com a idéia de que devemos tudo dar sem nada exigir e nosso amor fará a pessoa crescer. Na verdade, quem tudo recebe, aprende a ser um receptor, a receber eternamente, deixando de crescer. Será um adulto-bebê, desejando apenas sugar a vida, sem nada dar em troca. Se queremos ensinar desprendimento, abnegação, bondade, capacidade de auxiliar os sofredores, o educando tem que vivenciar situações constantes em que possa fazer isso a colegas, aos adultos, aos necessitados, às crianças.[12]

A lei de ação e reação nos ensina: quem só recebe, transforma-se em receptor e não em doador. Só aprendemos a doar, a agir com desprendimento, se pudermos realizar

---

[11] - Posso e devo perdoar quem me agride, mas essa pessoa deve melhorar seu relacionamento comigo e com os outros. Se alguém me rouba, além de perdoá-lo devo pedir a restituição do que foi roubado. Nosso sistema penal, tem se aperfeiçoado, atribuindo tarefas com sentido de reparar o que foi feito ao prejudicado ou a sociedade. Se um motorista atropela alguém, além de pagar as despesas, deverá por exemplo, ensinar regras de trânsito, prestar serviços gratuitos a acidentados, para que aprenda a importância da observação da lei

[12] - Nessas vivências é preciso valorizar toda tentativa de "quebrar" o sistema e as estruturas que mantêm o egoísmo e o orgulho, em nós e nos grupos sociais. Mesmo que inicialmente o educando não consiga "sentir" o prazer de sair de si mesmo e cooperar, compartilhar, ser bondoso, na medida em que vivencia situações e é valorizado pelos atos de bondade e compreensão relativos à colegas, adultos, outras crianças, necessitados, irá "interiorizando" a vivência passando do AGIR, para o SENTIR. Estabelecido o sentimento, o PENSAR, O CONCEITUAR, complementará o processo como simples tomada de consciência, "esclarecendo" a vivência.

É possível o caminho oposto. Estabelecemos o conceito teórico, depois vamos procurar despertar os sentimentos e coroar o processo com a ação e a análise da ação, segundo os conceitos compreendidos e trabalhados emocionalmente.

constantemente atos, tarefas em que nos doemos e exercitemos o desprendimento.

É possível que as pesquisas pedagógicas no campo inexplorado dos movimentos, do trabalho corporal, venham a nos indicar tipos de movimentos, exercícios corporais que facilitem essa saída de nós mesmos, essa identificação com o semelhante, essa alegria de auxiliá-lo, de estar com ele, de compartilhar e ter compaixão de todas as coisas.[13]

Fica aqui, uma observação interessante.

No campo do movimento, a capoeira brasileira, além de trabalhar ritmo, fala, idéias de liberdade e justiça, exige uma constante observação e atenção do parceiro na exibição. Na capoeira não há a concentração em si mesmo, como exige por exemplo, outro trabalho corporal interessantíssimo – o tai-chi-chuan. É o outro na capoeira o objeto de nossa atenção. Saímos do nosso ego para atentar no outro. Em termos de trabalho corporal, isso deve ser básico para aprendermos a "ver" o outro, para apresentarmos com ele, atentos a ele, o espetáculo delicioso, cheio de prazer, alegria e encanto que é a "dança" de nossas vidas.

Com o objetivo de auxiliar crianças a "ver o outro", montamos certa ocasião, com os adolescentes de uma classe de 12 a 14 anos, pequenas dramatizações, relativas ao estudo de mediunidade que eles nos solicitaram. Com nossa orientação eles escreveram três situações vividas em Centros onde existem trabalhos de cura. Em uma delas o médium realmente cura, o que é comprovado por radiografias e outros instrumentos; em outras, o médium usa instrumental e é convencido a não utilizá-lo por desnecessário; no terceiro caso há má fé, embuste e charlatanismo.

Esses casos foram contados à crianças de 7 a 9 anos,

---

13 - Os trabalhos psicomotores, são um exemplo de quanto os movimentos corporais podem fazer pela educação de crianças auxiliando seu ajustamento emocional e sua aprendizagem.

para que os apresentassem em dramatizações na festa de final de ano.

    Cada grupo de adolescentes ensaiou um grupo de crianças para apresentar a história que os mesmos haviam criado. Nesse treino, embora eles tratassem bem o grupo de crianças que deviam ensaiar, ficou claro para o evangelizador, o descaso e a desatenção de todos para com a criança nos intervalos, a incapacidade de perceber como estas os olhavam com admiração e encantamento.

Foi excelente oportunidade de análise em grupo do porquê dessa atitude, tendo o evangelizador ressaltado que não eram culpados por tal comportamento, uma vez que tanto na escola como em casa, não recebiam orientação, nem oportunidades de trabalhar com os menores, ou com os maiores, e discutir essas vivências. Não se consegue educar quando se acusa, é preciso mostrar e acreditar nas potencialidades.

Que pena que nossas escolas não se utilizem desse imenso potencial que é o trabalho de grupo entre crianças de idades diferentes. Que pena, sobretudo, que os que o usam não saibam organizar o trabalho para avaliar a vivência, em termos emocionais, em termos de ganhos de amor para cada lado!

Nessa análise da ação e reação de dar e receber amor, quase nada fazemos porque temos medo de mudar. Gostamos de contar histórias de espíritos luminares, radiosos faróis da humanidade, dos quais estamos ainda muito distantes, até como forma de dizer: "não somos ainda capazes disso". No entanto, fugimos da análise de fatos diários e corriqueiros que somos perfeitamente capazes de fazer.

A meditação, importante para atingir esse objetivo, será objeto de nosso trabalho no item b do 4º objetivo desse capítulo.

    c) *Passeios, excursões, observações diárias e habituais*

como auxiliares do raciocínio lógico e da ação consciente e responsável.

Devemos desenvolver o hábito de utilizar momentos de rotina, como ir à escola, sair às compras para observar a beleza do ritmo da natureza, do trabalho silencioso das estações, do mundo animal dos pássaros e animais domésticos que nos cercam, mesmo no absurdo cimentado das grandes cidades. Dessa forma, aprendendo a ver o belo em cada dia, nas pequenas coisas, iremos nos transformando em pessoas mais conscientes e responsáveis pela preservação dessa beleza.

Em passeios, caminhos rotineiros, ou excursões vamos indagar dos elos de causa e efeito, nos sistemas de vida animal e vegetal, em nossa própria vida. Em seguida, desenhar, cantar ou escrever sobre cadeias de vida, expressar-nos em poemas sobre as teias de interação entre animais e entre as ações dos homens.

Nesse trabalho, ao mesmo tempo natural e educativo, iremos possibilitando às pessoas a percepção da importância de todas as coisas, **não para a vida humana, mas para a Vida e o Amor universais.**

É possível que, com tal visão da Natureza e das coisas, auxiliemos as pessoas a serem mais desprendidas e voltadas aos ideais superiores.

Esses passeios e observações deverão se forem bem dirigidos, auxiliar os participantes a compreender que os seres da natureza, não existem para servi-las, mas participam de um sistema maior, onde todos cooperam e todos são beneficiados. Principalmente as crianças, devido aos nossos atos e a forma errônea como a tratamos, concluem que toda a natureza existe para servi-las: plantas, animais e seres humanos. Esse egocentrismo, em certa fase natural, mas principalmente cultivado por nossas atitudes e exemplos, é incentivado por todas as formas de educação. Segundo ouvimos, o Brasil é campeão em permissividade para crianças. Nossos filhos podem tudo e não colocamos **limites para sua ação.** Apaixonados por eles, tudo vemos com encantamento, desculpamos e relevamos os maiores absurdos. Se nos batem no rosto, suportamos porque são pequeninos. Se se comportam de modo a não respeitar nossa visita, nosso espaço, usando nossas coisas sem permissão, achamos que têm iniciativa e não colocamos limite algum. Como podemos esperar, que mais tarde, eles sejam capazes de respeitar os outros, de aceitar os limites que a vida lhes traçará, de serem capazes de abnegação, de desinteresse, se o cultivo desses hábitos nunca foi objetivo de sua educação?

d) *Entender e viver a cooperação.*

Quebra-se, também, essa visão, mostrando que cada coisa existe para si, e ao mesmo tempo coopera com a vida de todos e não, com a supremacia do homem. (Veja questão n.º 677 sobre a Lei do trabalho.)

A moderna compreensão da ecologia é essencial aqui. A lei da conservação e da destruição contida em "O Livro dos Espíritos" é de imensa valia. Estar como último elo do processo evolutivo, não significa, na visão integradora revelada pelos sistemas vivos, ser o mais importante ao qual tudo está submetido. De modo algum significa biologicamente exercer poder sobre os outros. É necessário desenvolver a visão sistêmica, decorrente da compreensão da inter-relação de tudo.

Quais as condições para que haja cooperação? É possível existir cooperação em que ocasiões? A competição é necessária quando e para quais fins?

Sem saber respostas objetivas e claras a tais perguntas, fica impossível educar cooperativamente.[14]

---

14 - Veja no final do capítulo em Subsídios Teóricos o número 4 onde esclarecemos algumas das condições para o comportamento cooperativo.

e) *Criar, modificar e recriar histórias que falam da lei de ação e reação.*

Trabalhar a dinâmica da existência do processo reencarnatório, lendo casos de livros espíritas, e pedindo aos grupos que dêem outros rumos à história de expiação mostrando como a personagem poderia transformar a expiação em prova ou até em missão.

Cada pessoa, ao estudar a lei de ação e reação, deve entender que as ações e reações não são lineares, quando envolvem personalidades e organismos vivos. São sistêmicas, pois a mesma ação pode gerar diversas reações dependendo de nossa liberdade, de nossa vontade, de nossa ação consciente. Em suma ação e reação em organismos vivos, em personalidades, envolvem dinamismo, não apenas mecanismo.

Há um potencial infinito em histórias espíritas, em geral, apresentando pessoas envolvidas em um círculo vicioso de ações e reações. A falta de iniciativa de educação das personagens, não consegue quebrar esse círculo.

Seria muito importante que modificássemos essa visão mostrando que tais problemas não se resolvem apenas com a reencarnação de inimigos como irmãos ou filhos. Há pais que odeiam filhos e vice-versa, e inimigos irmãos que continuam a cultivar ódios inconscientes, tentando destruir-se mutuamente.

A transformação íntima é fundamental para quebrar esse círculo e realmente alterar o destino de cada um.

As histórias alteradas ou construídas, podem ser redigidas pelos que gostem de escrever, embora criadas pelo grupo. Enfeixadas em livrinhos ilustrados por aqueles que estimam desenhar, deverão ser colocadas à disposição de todos na biblioteca infantil. Um grupo adulto pode fazer o mesmo, enriquecendo a Biblioteca do Centro Espírita. Utilizaremos assim, literatura, desenho, arte gráfica ou desenho à mão livre, aquarelas, artesanato para montagem do livro e capa, em projetos envolvendo uma série imensa de atividades.

É importante lembrar que todo projeto não pode ser muito longo. Um bimestre para esse seria o suficiente. Caso contrário há desinteresse. Os resultados estarão à disposição de todos por muitos anos.

Crianças, jovens ou adultos que gostam de escrever, podem criar suas próprias histórias individuais, dentro dessa compreensão dinâmica da lei de causa e efeito.

O importante é que as histórias quebrem a visão de círculo vicioso, a idéia linear de que quem matou é assassinado, quem maltratou é maltratado, quem abusou da beleza vem feio...

São ainda objetivos decorrentes desse princípio do valor da vida material para a evolução:

3°) Procurar estudar e entender como foram criados os mitos e para que servem, de modo a compreender como e porque o homem vive preso aos antigos mitos, o que ou quem os mantém vivos e para que servem.

4°) Identificar, no movimento espírita, nas sociedades e nas famílias a mitificação de pessoas, organizações, grupos, crenças religiosas, filosóficas e até científicas.

1.3. ALGUMAS FORMAS DE TRABALHAR MITOS E PENSAMENTO MÁGICO

a) *Estudos comparativos, apresentando as explicações mágicas e míticas em povos antigos e na sociedade atual, em confronto com as explicações de diversos estudiosos com formas diferentes de ver os fatos.*

Kardec faz muitos estudos comparativos entre os

princípios científicos de sua época e os mitos.[15] Comparando a realidade científica com a fantasia e o mito, auxiliaremos as pessoas a entender a vida, as emoções humanas e as causas que levam o homem a se aferrar ao mito.[16]

b) *Identificando mitos modernos, heróis, gurus, e causas dessa mitificação.*

É importante mostrar como, na atualidade, criamos os nossos mitos, nossos heróis, gurus, mitificamos cantores, cientistas. A própria ciência é mitificada apresentando-se como todo poderosa, escondendo-se da população suas teorias variadas, suas incertezas, as lutas entre os cientistas, a interferência do poder político e do dinheiro na direção e nas pesquisas dos cientistas. A análise histórica da realidade do momento e das necessidades psicológicas existentes a partir dessa realidade, tornarão compreensível a criação dos mitos.

É preciso um especial cuidado para que, no ensino de biografias não mitifiquemos as pessoas.

A criança e o adolescente não precisam de heróis imaginários e falsos. Precisam perceber que, em todo ser humano, há o lado belo e o lado mais feio. Super-heróis são criados para iludir as pessoas. O porquê de tais fantasias serem incentivadas na mente infantil e popular, é sempre oculto da criança e das pessoas mais simples. Há objetivos como "ganhar dinheiro com a credulidade popular", ou manter o poder, a obediência e a passividade, através de poderes que nos atribuímos como "eleitos, missionários, pessoas mais inteligentes, superiores, etc".

Seria interessante que mostrássemos como cada missionário necessita do trabalho anônimo de milhares de outras pessoas que fazem uma gama infinita de trabalhos,

---

15 - Kardec, Allan. A Gênese. Capítulo XI - Gênese Espiritual. Raça Adâmica e Doutrina dos anjos decaídos e Capítulo XII - A Gênese Mosaica.
16 - Veja Subsídios Teóricos n.º 7- Freud e os mitos.

desde limpar o chão, até divulgar as idéias, organizar as pessoas, formar opinião. Infelizmente a própria história procura estudar "grandes vultos" e seus feitos, sem atentar para as coletividades que possibilitaram sua tarefa, para o momento histórico que tornou possível o fato, o trabalho dessa pessoa.

Se nosso herói está mais próximo de nós, se aprendemos a aceitar suas fraquezas, defeitos, admirando-o naquilo em que se distingue e nas coisas em que pode nos ensinar, poderemos amar melhor o nosso próximo, sendo "indulgentes para com as faltas alheias", exercitando a caridade moral e aceitando nossos erros com maior naturalidade.

Como modelo ideal tenhamos Jesus. Os outros serão nossos amigos, modelos reais. Modelos reais precisam ser conhecidos dentro de sua humanidade. Transformá-los em mitos, só nos prejudicará, decepcionando-nos no futuro.

Esse aspecto deve ser, especialmente, visto em biografias. Os biógrafos dos "santos" e missionários, estimam fazê-los totalmente despidos de "defeitos", de erros, de maldades. Apresentam-nos como modelos infalíveis, a nos dizer: Se eu pude ser tão maravilhoso, você não consegue porque é inferior e mau.

Apresentar biografias "idealizadas" de homens e mulheres que não tinham as limitações de sua cultura, de sua época histórica, de sua humanidade, é um dos problemas mais sérios na formação das personalidades infantis. Nossos missionários, jamais ficam de mau humor, não cometem nenhum erro, têm idéias avançadíssimas e não expressam sentimentos como mágoa, inveja, ciúme. Na parte sexual então, são verdadeiros exemplos de "pureza", assexuados e sem emoções.

Ainda cultivamos o antigo paradigma católico da "santidade".

Assim, por exemplo, as histórias e biografias de

espíritas sempre mostram o seu desprendimento de bens materiais, sua caridade para com a pobreza. Os biógrafos não se interessam em pesquisar outros campos de atuação, como por exemplo, o profissional, o familiar, o político.

Muitos de nossos biografados tiveram atuação política. Não seria interessante saber que tipo de projetos propunham, quais as causas que abraçavam e defendiam, como encaravam a igualdade da mulher, a escravatura, a saúde, a educação, o problema dos salários, investimentos e tantos outros em que se refletiriam seus princípios espíritas?

Com certeza, pesquisando tais aspectos encontraríamos grandes lições. Porém, não nos preocupamos com isso e continuamos presos aos conceitos de outras religiões que definem como bondoso aquele que cuida da pobreza e auxilia os miseráveis, doentes, obsediados.

É interessante que o Evangelho não narre Jesus dando esmolas, mas, esclarecendo o povo, curando-o, ensinando-o a dividir o pão entre todos, convidando-o para uma nova forma de perceber o mundo e viver a vida.

c) *Aprendendo a interpretar os mitos antigos e modernos, percebendo quando o mito tem por objetivo desprezar a vida material, zombar da liberdade humana, manter o homem distante da transformação pessoal e do mundo.*[17]

Contar histórias mitológicas e depois confrontá-las com imaginárias, e, em seguida, compará-las com reais, irá desenvolver o pensamento crítico e o sentimento de amor à vida e aos seres.

Com tal procedimento, levaremos a criança, o jovem, ou o adulto, a perceber a relação simbólica ou não entre os tipos de histórias, as intenções dos que criaram o mito ou o absurdo lógico do mito.

---

17 - Kardec, Allan. A Gênese. Capítulo XII.. LAKE, Edição Especial s. d.

Seria de especial interesse, que psicólogos ou psicanalistas espíritas pudessem explicar a lógica emocional do mito, o porquê precisamos dele, o que nos leva a mantê-lo. A lógica da emoção desvendada nos torna mais livres para pensar, para agir, e, sobretudo, para amar.

Kardec faz uma interpretação muito interessante do mito de Adão e Eva em "A Gênese".[18] Deveriam merecer a mesma análise outros que estão muito vivos em nós, como, por exemplo, o da queda, o do Redentor de nossos pecados, o do Salvador político, religioso ou moral, o da terra sem males, da terra luminosa, o da mudança mágica dos milênios.

d) *Alternando fantasia e realidade, desde muito cedo com o espírito reencarnado, estaremos desenvolvendo sua criatividade, sem torná-lo apegado à magia e ao mito.*

Desde cedo, devemos fantasiar com a criança atendendo a sua imaginação mágica que recapitula as fases evolutivas pelas quais passou seu espírito mas, a abordagem deve ser feita de tal modo que permita à criança identificar o que é "de mentira" e o que é "de verdade". Não devemos agredir sua imaginação fantasiosa dizendo: "isso é tolice," "pare com essas fantasias," "não seja idiota", "vá ver se isso existe mesmo". Quando ela quiser imaginar, imaginemos com ela, exageremos também a realidade, digamos que voamos, que fizemos magia, ela perceberá que estamos como ela, brincando de superar a realidade.

Depois digamos: "Agora já brincamos bastante, vamos fazer coisas de verdade." São formas singelas que a trarão de volta à realidade, sem agredi-la. São maneiras de mostrar que superar a realidade se faz na prática, a partir de nossa imaginação criadora.

Sem deixar de atender a sua imaginação que exige

---

18 - Kardec, Allan. A Gênese. Capítulo XII LAKE, Edição Especial s. d.

a fantasia, pois a fantasia atende na imaginação suas necessidades emocionais, alimentemos o seu emocional com histórias, mas façamos com que ela pise na realidade.

Não é necessário, para ensinarmos a pisar na realidade, destruir a imaginação fantasiosa da criança. A imaginação é a base da criatividade. A imaginação deve poder imperar livremente em certos momentos da vida infantil sob pena de tornarmos a criança incapaz de criar. Nós adultos quando "sonhamos", estamos iniciando um processo que pode levar a criar soluções para os problemas ou nos auxiliando a descobrir coisas novas. Além disso, a fantasia serve como fuga da realidade, quando o mundo se apresenta muito difícil ou frustrante. Por tais motivos, precisamos fantasiar, mesmo depois de adultos.

Cientes da importância do imaginário, deixemos que a criança fantasie, fantasiemos com ela, mas possibilitemos ocasiões de confronto com o real, de compreensão desse real, do uso da criatividade para melhorar e viver o real.

O método a ser usado é contar **histórias simbólicas e fantasiosas e também, histórias reais**, com pessoas como ela e sua família, seu ambiente utilizando o tema central da história anterior. À história cheia de fantasia, de fadas, bruxas, príncipes, iremos opor outra tratando dos mesmos temas, inveja, traição, maldade, feita com personagens do dia a dia. A própria criança vai estabelecendo paralelos entre ambas, auxiliada por perguntas que faremos.

Podemos após uma história fantasiosa, fazer perguntas como: O que você faria se estivesse no lugar do personagem? Por que faria isso? O que você acha do que aconteceu? Viriam fadas e duendes auxiliar você se estivesse na mesma situação? Quem pode nos ajudar e quem faria esse papel?

Nas histórias "de verdade" de meninos, jovens, velhos, pais, tios, indagaremos: Quem fez o papel de fada, e o de bruxo? Qual a mágica que ele conseguiu realizar? Quando você foi a princesa da história? Será que também podemos ser bruxas? Quando?

Deve-se sobretudo respeitar as soluções da mente infantil ou dos ouvintes, para não inibir seu emocional e seu raciocínio. Utilizar o diálogo, a indagação, tentar estabelecer com a criança coisas como: Se você fizesse isso, o que teria sucedido? Mas, e se a outra personagem fizer assim, como você fará?

O importante é que nenhuma resposta nesse caso estará errada. Se o objetivo é o confronto com o real e o desenvolvimento da imaginação criativa, na transformação desse real, qualquer resposta deve ser saudada com entusiasmo.

É interessante perceber que estaremos trabalhando com tais histórias não apenas a lógica infantil, mas também seus problemas emocionais. Por isso, não podemos fazer comentários como: "Será que não dá para essa história que você montou terminar sem que o patinho se suicide?" Se a criança matou o patinho é porque assim funciona sua mente emocional.

Podemos estar lidando com problemas graves de auto-imagem, podemos estar mexendo com crianças rejeitadas pela mãe ou pelo pai, que em nível inconsciente gostariam de morrer ou matar, para fugir de sua situação dolorosa afetivamente. O importante é entender e aceitar qualquer resposta.

Contando outras histórias em que as personagens reais ou fantásticas, conseguem gostar de si mesmas e da vida, iremos passando **essa nova mensagem** à emoção infantil e criando outras matrizes do sentimento e da emoção. Se estamos trabalhando com classes, outras histórias contadas por outras pessoas, irão auxiliar a criança a pensar alternativas diferentes para lidar com seus problemas.

Há outras técnicas e exercícios como por exemplo, dar para a criança o começo e o fim da história e pedir que ela conte o meio. Podemos começar uma história, que fale simbolicamente de problemas do grupo ou da criança e pedir que diferentes grupos proponham diversas seqüências.

Em idades maiores há várias formas de trabalhar o mito. Mas uma das mais importantes é fazer perceber, porque necessitamos do mito e quando o utilizamos.[19]

Outro objetivo que deveremos ter em mente ao trabalhar o importante princípio da necessidade da vida material é o seguinte:

4º) Mostrar em todas as situações, que as limitações impostas pela reencarnação são importantes ao nosso desenvolvimento e necessárias ao processo da vida. A reencarnação facilita o processo evolutivo, economiza tempo e sofrimento para os espíritos.

A reencarnação, limitando nosso espírito, também lhe possibilita infinitas possibilidades de se desenvolver. Utilizando o novo instrumento de carne, apagam-se da nova memória, hábitos indesejáveis, conceitos e preconceitos que embora continuem atuando como tendências, perdem a sua intensidade. O dinamismo do corpo (que é o dinamismo do fluido vital, dos mecanismos próprios da vida material), abre, ao espírito, novas formas de perceber, limitando as antigas, permite-lhe impulsos que o dirigirão à aquisição

---

19 - Seria muito importante que pudéssemos estudar nos Centros Espíritas como se formaram os mitos, como as histórias de fadas foram alteradas, mas especialmente como se decodifica um mito e qual a mensagem implícita neles. Muitos mitos são utilizados para nos ensinar por exemplo, que se nos sacrificarmos pelo outro, ele se transformará. Qualquer linha psicológica nos mostrará que devemos sacrificar nossas tendências ao orgulho e ao egoísmo e que a transformação do outro é um processo educativo, onde não há lugar para o "sacrifício pelo outro", mas sim, para o sacrifício pelo bem de todos. André Luiz explicita em importante mensagem que só ama efetivamente quem trabalha pelo bem de todos. O amor que sacrifica o amante para que este se dedique a uma só pessoa, geralmente termina em tragédia ou em frustração. A condição para que o amor erótico, filial, maternal seja realmente produtivo é que sua base seja o amor fraterno.

de novas habilidades, sentimentos, pensamentos.[20]

É importante em educação afinar o corpo para refletir **o melhor** de cada espírito e abrir possibilidades para que ele, como instrumento, possibilite a exploração de novas formas de perceber e sentir o mundo, abrindo outros caminhos para a inteligência e a emoção daquele espírito.

Dessa forma, possibilitamos na dinâmica matéria-espírito, o desenvolvimento de novas aquisições espirituais. Educar não é só corrigir, não é apenas fazer terapia em espíritos desequilibrados. **É, sobretudo, desenvolver espíritos em evolução.**

No processo do desenvolvimento do potencial existente em cada espírito, o corpo é um instrumento dinâmico, que nos compete trabalhar para "abrir novas escalas", novos registros, que poderão ser bem ou mal utilizados pelo espírito, mas que colocaremos à sua disposição, através de um trabalho corporal integrado aos demais.

1.4. ALGUNS TRABALHOS EDUCACIONAIS QUE AFINAM CORPO E ESPÍRITO:

a) *Desenvolver na criança a auto-aceitação da sua imagem, do seu corpo, de sua realidade atual com suas capacidades e limitações.*

O tipo de técnica que permite isso é mais complexo. O auxílio de psicólogos é aqui muito importante. Eles poderiam indicar técnicas grupais de sensibilização, trabalhos corporais, individuais e em grupo ao alcance de todo professor, que podem ajudar a atingir essa aceitação. Espelhos podem ser um bom auxiliar nesse trabalho. Olhar o outro, trabalhar com ele, identificando-se com o semelhante também dá bons resultados. Ainda aqui, a capoeira pode

---

20 - Kardec, Allan. O Livro dos Espíritos, questões 218 a 221, 368, 369, 370, 372 e 374

ajudar.

Trabalhar maquetes de casas, envolvendo vários tipos de casas e famílias, brincando com os bonequinhos, como em pequenas dramatizações ou brincando de casinha, são outros recursos para auxiliar a pessoa a se amar a si mesma aceitando sua família e seus semelhantes. A dinâmica do trabalho, auxiliará o grupo de crianças a resolver alguns problemas de convivência, por os estar vivenciando nas salas, centros, instituições ou escolas.

b) *Relaxar e meditar como trabalhos auxiliares na auto-aceitação e na valorização da vida atual de cada espírito.*

Uma palavra para algumas técnicas de meditação e relaxamento.

Até porque a sociedade moderna impede a criança, o jovem e o adulto de meditar, relaxar, a educação espírita deve, desde a mais tenra idade, introduzir momentos de relaxamento e meditação que, como os da prece, permitam às pessoas expressar seus sentimentos, especialmente os positivos, ouvir-se intimamente, aprendendo a se concentrar, sentindo-se, aceitando-se, tirando de tais momentos força e serenidade para viver e se transformar.

Música suave, exercícios de descontração e relaxamento são muito importantes. Meditações que possibilitem ao espírito aberturas mentais, serenidade para organizar o pensamento, calma para educar as emoções.

Nada de trabalhos meditativos, envolvendo pensamentos como:

Sou o *silêncio* eterno e imortal.

Mergulho no **Grande Todo** e ele me envolve.

Gozo a paz divina, **não sou nada nem ninguém**.

Eu me *refugio* na Luz Eterna e no Infinito amor de Deus.

Colocamos em itálico algumas palavras que denotam a ideologia passiva e de entrega total que estão em desacordo com a visão dinâmica e racional do Espiritismo.

O importante em uma meditação de cunho espírita é que nos sintamos mais tranqüilos e em paz, mas preservemos o nosso eu. A individualidade é conquista máxima da consciência, embora o individualismo seja uma deturpação dessa conquista.

Há muitas técnicas de relaxamento e meditação. O importante é sabermos para onde seu conteúdo nos leva. Há as que nos deixam com uma ilusão de superioridade e de importância, há aquelas que nos dão uma serenidade falsa, pois não nos auxiliam a enfrentar os problemas de forma construtiva. Grande parte delas nos ensinam a fugir do mundo induzindo-nos a repetir, de forma hipnótica, palavras que nos dão a serenidade falsa e acomodatícia.

Dessas técnicas, tiremos o melhor, como alguém que utiliza um bom carro, mas não aceita caminhar pela estrada cujo roteiro vem junto com o carro. É preciso estar atento, todavia, para que o carro, não obedeça a controle remoto e, em usando sua tecnologia, acabemos caminhando por outra estrada que não aquela que escolhemos por opção. O meio faz parte do fim. Técnicas são criadas dentro de métodos, com a finalidade de atingir alguma coisa. Técnicas emprestadas de outras filosofias, podem nos levar aos seus métodos e fins, que como estamos vendo, não são os mesmos do Espiritismo.

Criemos ao longo do tempo, algumas técnicas de meditação e relaxamento que, além de nos ensinarem a **atenção, a concentração, a sentirmos nosso íntimo, a nos tranqüilizarmos, a respirarmos corretamente** para relaxar, nos dêem força, **abram nossa consciência ao trabalho de transformar** a nós e ao nosso ambiente.

A meditação, a concentração que ela exige nos preparam para o trabalho de reflexão em grupo, ensinando-nos a nos concentrar em um problema, observá-lo por todos os ângulos, julgar como devemos agir e ter força para agir.

c) *Utilizar trabalhos corporais naturais ou criados pela sabedoria sistêmica dos povos que conservaram sua integração com a Natureza.*

Há alguns tipos de trabalhos corporais, além da capoeira de que já falamos, que iremos analisando.

Os trabalhos corporais auxiliam a conservar aberto o potencial do cérebro humano do qual nosso espírito utiliza uma parte ínfima. Os movimentos, especialmente se realizados em um contexto significativo em termos emocionais e intelectuais, abrem novos caminhos em nosso cérebro facilitando a manifestação de nossas faculdades. Há muito o que se pesquisar nessa área, mas a própria psicologia utiliza cada vez mais terapias corporais conjugadas às tradicionais no tratamento de distúrbios mentais variados.

Na visão educacional sistêmica que propomos, não pode haver nenhum trabalho que elimine os movimentos corporais. Seja trabalhando atenção, memória, relacionamento de itens da realidade, capacidade de percepção, previsão, resolução de situações problemas, seja qualquer outra das funções específicas da inteligência humana, haverá **atividades corporais que facilitem**, tipos de **trabalhos que dêem suporte**, **que predisponham** a pessoa a:

(l) estar aberta à percepção do outro;

(2) perceber como reage seu corpo;

(3) perceber ocasiões em que será vantajoso e bom cooperar;

(4) conhecer seus limites e superá-los dentro do possível, partindo dos limites físicos;

(5) perceber situações em que é necessária a abnegação, o desinteresse pessoal, a renúncia, para que se faça o bem maior para todos.

Que tipo de vivências corporais, afetivas, ou que hábitos intelectuais, nos auxiliariam a viver o desprendimento e sentir prazer na abnegação, no trabalho pelo bem de todos?

Como podemos trabalhar no sentido de que se perceba, não as vantagens de se agir bem, mas o prazer de se agir bem? Ou será que Deus, exigiria de nós a renúncia ao prazer, e a adesão à dor e ao sofrimento, para que sejamos bons? Não parece um contra-senso que a lei moral que existe em nós, possa exigir que não sintamos prazer ou que vivamos uma vida de sofrimentos para sermos bons?

Para melhor compreensão dos conceitos desse capítulo, e do capítulo seguinte será necessário estudar com atenção os subsídios teóricos em anexo no final do trabalho, onde esclarecemos muitos conceitos, em oito itens conforme seqüência abaixo:

SUBSÍDIOS TEÓRICOS
1. Uma das origens do horror à matéria na história do Cristianismo.
2. Prova-Expiação-Missão-Três conceitos ainda não esclarecidos na dinâmica do movimento espírita.
3. Como cada instituição e igreja trabalha seu corpo.
4. Condições necessárias para cooperação.
5. Esperanto.
6. Alfabetização emocional.
7. Freud e os mitos.
8. O encantamento do real.

Capítulo 2

Dualismo
Olavo Bilac

    Não és bom, nem és mau: és triste e humano...
    Vives ansiando, em maldições e preces,
    Como se a arder no coração tivesses
    O tumulto e o clamor de um largo oceano.

    Pobre, no bem como no mal padeces;
    E rolando num vórtice insano,
    Oscilas entre a crença e o desengano,
    Entre esperanças e desinteresses.

    Capaz de horrores e de ações sublimes,
    Não ficas com as virtudes satisfeito,
    Nem te arrependes, infeliz, dos crimes:

    E no perpétuo ideal que te devora,
    Residem juntamente no teu peito
    Um demônio que ruge e um deus que chora.

(Do livro " Poesias" de Olavo Bilac, pág. 188, Ediouro.)

ANÁLISE DE MAIS ALGUNS PRINCÍPIOS ESPÍRITAS QUE DIFERENCIAM O ESPIRITISMO DE OUTRAS RELIGIÕES E FILOSOFIAS:

> — *A distinção entre erro e maldade na aprendizagem, na vida em geral.*
> — *A solidariedade como pedra de toque do progresso moral.*
> — *A necessidade do auto-conhecimento para sabermos como agir com relação a nós mesmos.*

2.1. ERRO E MALDADE

É princípio do Espiritismo que todos passamos pelo caminho da ignorância.[1] O que alguns espíritos conseguem fazer, enquanto aprendem a usar sua inteligência e desenvolvem sua liberdade, é não praticar a maldade, ou seja, não errar com conhecimento, com intenção, sabendo o que fazem. O erro é produto da ignorância e o mal produto do desequilíbrio. O erro é contingência do processo evolutivo, o mal não o é. Teoricamente poderíamos aprender sem errar, resta saber se na realidade existem espíritos que nunca erraram ao aprender. Em outras palavras, se algumas pessoas poderiam aprender todas as coisas sem errar, até chegar à perfeição. Parece improvável, mas não é impossível.

Os espíritos que conseguem evoluir sem maldade, apenas errando por ignorância, chegam mais rapidamente à perfeição. Pode-se dizer de modo simbólico que caminharam em linha reta ao Pai Celestial. São espíritos purificados pelas provas, mas que não precisaram expiar crimes ou maldades.

O Evangelho Segundo o Espiritismo em seu Capítulo

---

1 - Kardec, Allan. O Livro dos Espíritos, questão n.º 120. Edição Especial LAKE s.d.

V, item 9, esclarece que não podemos crer que todo sofrimento que suportamos no mundo, seja resultante de uma determinada falta. **Freqüentemente são simples provas,** buscadas pelo espírito para concluir sua depuração e ativar seu progresso. Grifamos especialmente a palavra freqüentemente porque ela explicita que os sofrimentos o mais das vezes não são conseqüência de maldades que precisamos expiar, porém de situações que escolhemos, tendo em vista nossa ânsia de aperfeiçoamento e de progresso.

Essa visão, está consoante a filosofia espírita para a qual a vida material é condição indispensável ao progredir dos espíritos, abençoada possibilidade para conseguir desenvolver com mais facilidade e rapidez, os germens de suas qualidades morais e intelectuais.

Dissemos desenvolver de modo mais fácil e rápido porque a reencarnação possibilita começar de novo, estabelece com o esquecimento do passado, que tenhamos de adquirir novos hábitos, conceitos mais adequados de bondade e de beleza, que irão facilitar nossa evolução espiritual. As pessoas mais simplórias são capazes de perceber como é muito mais fácil educar alguém que ainda não possui hábitos, apenas tendências como ocorre com a criança, e como é sumamente difícil reeducar alguém que já possua hábitos e emoções definidos.

Isso se evidencia no item que citamos anteriormente. Esse item de "O Evangelho Segundo o Espiritismo" é pouco divulgado no movimento espírita, devido aos hábitos mentais e emocionais que possuímos. Esses hábitos nos levam a considerar a vida material como um lugar de "redenção", de pagamento de nossas dívidas, de oportunidade de "salvação" de nosso espírito falido e maldoso. Alguns tradutores chegam ao requinte de traduzir a palavra freqüentemente como "algumas vezes" legitimando a idéia de que a Terra é principalmente um local de expiações e não de provas, como indica o texto do Evangelho.

Reeducar formas de sentir e pensar é muito mais difícil do que estabelecê-las na mente infantil do espírito reencarnado. Daí o afirmarmos que a reencarnação apressa o processo evolutivo e o auxilia.

Essa distinção entre erro e maldade, é extremamente importante em educação.

Se cada espírito está em um corpo, que o limita mais ou menos, se cada um tem um passado que facilita ou dificulta algumas aquisições, a educação tem que:

> 1º) *Permitir, compreender o erro, tanto na aquisição de conceitos, habilidades, como na aquisição de atitudes morais. É natural o erro.*

> 2º) *Para que o erro seja proveitoso é preciso aprendermos a analisá-lo, compreendê-lo. Os que têm por hábito diário analisar e não fugir dos erros, adiantam-se mais rápido, tanto no aprendizado de conceitos como no de atitudes morais. Todo erro é oportunidade de raciocínio, aperfeiçoamento moral. Através dos erros podemos crescer, corrigindo atitudes, errando menos.*

O erro não é conseqüência da maldade. É próprio da aquisição de novas experiências.

> 3º) *Devido à imensa importância de errar- analisar- corrigir-tentar de novo, até conseguir o acerto, valorizemos a vontade de prosseguir, o empenho em aprender. Dentro dessa visão, não será correto avaliar descontando os erros. É mais coerente valorizar o acerto. Avaliar, considerando o empenho em desenvolver a vontade e tentar, quantas vezes for necessário, até aprender.*

> 4º) *Ao invés de fingir que não erramos, fugindo dos erros, toda educação espírita deve trabalhar no sentido de oferecer constantes ocasiões para análise das atividades educacionais, verificando onde erramos, porque erramos e como corrigir o erro.*

Sempre que se analisa um trabalho, devemos verificar também os acertos. Onde e como acertamos e como continuar acertando. Estudos demonstram que mostrar o acerto é mais produtivo do que apenas analisar os erros. A maioria das pessoas tem facilidade de identificar erros e dificuldade em apontar acertos, especialmente os dos outros.

Essa análise dos erros deve ter momentos especiais, e ser feita de modo amoroso e construtivo, tanto no grupo como individualmente.

Uma análise adequada dos erros deverá:

— Ser objetiva – apontando com clareza o que está certo e errado e por quê.

— Ser adequada a cada pessoa, exigindo o melhor possível para ela e fazendo-a perceber, seu crescimento, sua melhoria, seu aperfeiçoamento através de comparações com resultados anteriores.

— Apontar uma ou mais formas de correção, ou de manutenção dos acertos, ou mesmo deixar que a pessoa ou o grupo proponha como corrigir erros, manter acertos, especialmente os relacionados à educação moral. Exercícios, dicas, auxílio de colegas, formas de reparação, quando tratarmos de erros na conduta, serão encontrados e seguidos com seriedade comovente.

— Durante a análise dos erros, fazer sempre, a análise dos acertos, reafirmando e elogiando trabalhos e condutas adequadas.

Não queremos dizer que não deva existir um referencial médio de desempenho. O educador deve ter esse referencial muito claro para seu uso. Saber o que cada pessoa deve atingir em cada idade observando o que é próprio e possível para a grande maioria.

Estabelecer tal referencial é natural e necessário para qualquer trabalho educativo. O que não produz bons resultados é utilizar esse referencial para considerar o desempenho de cada criatura. Ele deve servir para o professor avaliar seu trabalho. Se ao trabalhar um conceito, uma atitude ou uma habilidade, o professor não consegue fazer pelo menos dois terços de um grupo aprender, a falha é dele, do método ou da sua visão do grupo com que trabalha.

O referencial mínimo ou médio, todavia, não pode ser utilizado "contra" o aluno que se empenhe em aprender. Seria como se Deus nos julgasse pelo padrão médio de evolução do planeta e não pela nossa intenção.

Deus diria: "Ah! Você não conseguiu o desprendimento de seus colegas, vai para planos inferiores."

Quando você explicasse: "Mas, eu não tinha experiência. Errei sem dolo. Não pude aprender porque não tive oportunidade. Ninguém me explicou".

Ele diria: "Tenho um referencial ótimo e universal. Sua obrigação era aprender. Não posso julgá-lo por sua história de vida, nem por sua ignorância. Não conseguiu atingir o que estabeleci, está fora. Não me interessa se fez por ignorância ou maldade. Julgo os frutos e você não produziu. Fora.... vamos!"

Salta aos olhos o absurdo, a injustiça. No entanto, é o que fazemos nas escolas, centros, famílias e obras.

Qualquer educando deve aprender a se comparar sempre consigo mesmo, uma vez que tem uma "missão única", só sua, no Universo. Precisamos auxiliá-lo a sentir-se melhor por aprender, ter progredido e não por estar entre os melhores, por ter superado alguém, por "passar na frente do outro".[2]

Não será justo assim, impedir um aluno de prosseguir com sua classe, se ele muito se esforçou. Por outro lado é injusto e prejudicial para uma criança entrar em férias no final de novembro ou até deixar de estudar no último bimestre, porque tem tanta facilidade, que já "fechou notas em todas as matérias". Tudo para ele foi facílimo e ele não precisou estudar nada.

Os trabalhos devem ser individualizados. Projetos e tarefas diferentes ao lado das tarefas de grupo e de projetos comuns. Possibilidade de avançar segundo seu potencial permita. Avaliação conforme exista ou não progresso e não segundo um padrão geral e uniforme para todos. Estabelecer, nos trabalhos em equipe, antes e com a participação dos membros do grupo, o que e como avaliar. Quando sabemos o que nos será pedido, trabalhamos para atingir essas metas com muito empenho, em especial, se o grupo tem que contar com a nossa parte.

Não se pode estabelecer critérios para avaliar um aluno com dificuldade e o mesmo para outro que tem facilidade. A lei divina não funciona assim na conseqüência que estabelece para nossos acertos e erros, dolosos ou não. As "penas e recompensas", nós as merecemos, segundo nossa realidade evolutiva, ou seja, nosso ambiente social familiar, nossa inteligência, o tipo de corpo em que renascemos, nossas possibilidades emocionais e nosso grau de consciência do bem e do mal.

RESUMINDO:

1º) Ensino ao mesmo tempo individual e em grupo.

2º) Avaliação segundo o progresso de cada um. Em cursos e escolas o professor terá um referencial mínimo

---

2 - "O homem não procura elevar-se acima do homem, mas acima de si mesmo, aperfeiçoando-se." Citação de "O Evangelho Segundo o Espiritismo". Capítulo III - item 10.

ou médio traduzido em habilidade, hábitos e atitudes, que utilizará para avaliar seu trabalho em relação ao resultado do grupo com o qual trabalha.

3º) Avaliação individualizada baseada no progresso de cada um.

4º) Discussão em grupo das regras comuns, aceitas e compreendidas, bem como das conseqüências para os que as infringem ou cumprem.

5º) Em todas as atividades individuais ou grupais, reservar muitos momentos para análise do trabalho de modo a tornar natural o hábito de criticar construtivamente o que se está fazendo ou seus resultados, analisando erros e acertos de modo simples, objetivo e amoroso.

2.2. DEFININDO SOLIDARIEDADE

Esclarecem os espíritos: "O homem se conduz bem quando tudo faz tendo em vista o bem e para o bem de todos, porque então observa a lei de Deus." (Questão 629 de "O Livro dos Espíritos".)

Não há dúvida alguma. No Espiritismo o que indica estarmos progredindo moralmente é o exercício da solidariedade. É a prática dessa solidariedade que irá segundo a Doutrina, tornar o nosso perispírito mais sutil, mais leve, alterando sua constituição e permitindo-nos a espiritualização.[3]

Qualquer trabalho educativo, inclusive trabalhos corporais e artísticos, podem **predispor** o homem ao exercício do bem, dependendo de como são feitos e que idéias e emoções despertam nos educandos. No entanto, o que define o progresso moral é **o exercício da solidariedade**.

---

3 - "A vida social é a pedra de toque das boas ou más qualidades". Citação de "O Céu e o Inferno" de Allan Kardec, Capítulo III, item 8, Edição FEB.

Que tipo de atividades possibilitam a aquisição do sentimento e da prática da solidariedade?

Diretamente todos os trabalhos que envolvam atividades inter-classes, em que projetos comuns exijam por sua natureza, que crianças maiores trabalhem e auxiliem as menores ou vice-versa. Os menores podem muitas vezes auxiliar os maiores. Doando de si para o desenvolvimento dos outros, terão como recompensa a alegria de observar o progresso e o aprendizado deles. É uma das formas de aprender a abnegação, ou seja, o prazer de fazer o bem, sem interesses pessoais.

Indiretamente pode-se desenvolver a solidariedade, em qualquer idade:

— participando de grupos de auxílio à natureza;

— participando de grupos de auxílio a pessoas carentes, principalmente em grupos que envolvam trabalhos, conscientização e estudo e não somente doação de coisas materiais;

— participando em projetos comuns, de trabalho em equipe, onde se aprende a expor, analisar, avaliar e criticar, segundo metas e objetivos que estabelecemos para o grupo e para nós mesmos.

Adultos podem participar ainda, de atendimento fraterno aos sofredores moralmente necessitados.

No entanto, o sentimento de amor, que caracteriza um ato de solidariedade, tornando-o distinto de outros atos iguais, deve brotar dessas atividades, por um movimento natural do espírito, que reencontra nelas a possibilidade de atender seus sentimentos inatos de justiça, igualdade, preservação da vida, misericórdia.

São importantes aí, as atividades artísticas e as mensagens emocionais, dirigidas ao nosso inconsciente através das histórias, provérbios, fábulas, estudo dos mitos, movimentos corporais de aproximação, de análise do outro, de integração com ele e com a natureza. Essas outras linguagens estarão falando ao nosso espírito, através de mensagens inconscientes, reforçando em nível emocional a prática da solidariedade.

No entanto, guardemos a certeza de que, embora recebamos em nível emocional tais mensagens, recebemos em grande quantidade mensagens opostas que nos falam de nossa superioridade sobre os outros, que nos dizem que devemos atender primeiro a nós e aos nossos prazeres, que deixemos aos outros tão somente o que nos sobre, que cada um cuida de si.

Por tal motivo, mesmo que trabalhemos em nível emocional mensagens de amor, integração e solidariedade, o que vai realmente nos auxiliar a quebrar as cadeias do egoísmo e do orgulho, são os projetos em que tenhamos que exercitar a solidariedade e o prazer que isso nos cause.

Fique bem claro para nós, também, que ser solidário não significa apenas dar esmola, fazer caridade aos que passam fome e sede. Se assim fosse, estariam impedidos de ser solidários os habitantes de países desenvolvidos onde não há miséria, fome ou frio. A beneficência é apenas um aspecto da solidariedade.

Podemos dizer que a solidariedade é a ação benfazeja dos seres uns sobre os outros de modo benéfico e amoroso. Observemos o detalhe sutil: não basta fazer coisas que beneficiem. Essas coisas devem ser realizadas de modo amoroso.

Pode-se auxiliar e ajudar por exibicionismo, por imitação, por interesse em agradar a um namorado, a um chefe, a um pai. Embora essas formas de fazer o bem, possam nos levar mais tarde, a realizá-lo de modo desinteressado, o que caracteriza a solidariedade é a ação motivada pelo amor.

Ser solidário significa compreender o encadeamento de todas as coisas no Universo, valorizá-las igualmente e

viver de modo cooperativo e amoroso.

Quem é solidário, não se julga superior a nenhum de seus semelhantes, pois os valoriza em sua realidade. Tem para com todas as coisas do mundo um tipo de amor que o budismo chama compaixão, ou seja, estar com, inteirar-se de, "sentir com": as pessoas, os animais, os vegetais. É **a reverência pela vida, condição básica ao exercício do** amor fraterno, que é a real solidariedade.

Quando Francisco de Assis chamava a todas as coisas de irmão, irmão sol, irmã água, irmão lobo, irmã cinza, revelava, na linguagem mística, que sentia essa compaixão, esse elo de ligação com o Universo, esse amor universal.

Colocamos abaixo algumas experiências e opiniões que ouvimos em nosso trabalho no Movimento Espírita, para que vejamos quão longe estamos ainda da verdadeira solidariedade.

> — *"Não devemos ter pena do pobre, das crianças de rua, dos velhos sem teto e sem terra. Eles têm o que merecem. Ninguém sofre injustamente. Devemos ajudá-los, mas não nos apiedarmos deles." Orador em Centro Espírita enunciando sua compreensão da lei divina.*

> *"Estivemos com espíritas ingleses, que nos disseram pouco poder fazer pela solidariedade na Inglaterra. Agora com a crise social e o desemprego, é provável que possam exercitar a caridade, fazendo algo pelos que sofrem." Explicação dada em grupo de estudo, por pessoas ao falarem das obras assistenciais a favelados.*

> *"Quando visitamos os favelados, fazemos questão de ensinar Espiritismo. Hoje expliquei a eles que são pobres, porque fizeram muito mal em outras encarnações, não sabendo aproveitar a riqueza, o poder, abusando do conforto. Agora eles sabem porque são pobres e deverão se resignar, deixar de pretender ser iguais a nós, para não perder a chance de expiar seus débitos."* Dirigente explicando como a Doutrina Espírita deve ser ensinada aos miseráveis.

> *"Na perfeição da lei divina, vemos hoje, reunidos nas plagas africanas, milhares de integrantes da SS Nazista, a expiar na fome e na guerra, o infanticídio, o assassinato em massa de milhões de judeus. Constituem as multidões famintas e desesperadas de Angola, Moçambique, Uganda e outros países africanos, arena de expiações aparentemente cruéis, mas justas e necessárias."* Orador em palestra pública, explicando sua compreensão da lei de ação e reação.[4]

Pense um pouco. Tente em cada um desses exemplos imaginar como deveriam falar essas pessoas, para espelhar a real posição do Espiritismo com relação a esses assuntos enfocados.

A compreensão do que seja realmente solidariedade deve mudar todo o enfoque da educação.

a) *Em primeiro lugar o professor deve perceber que sua relação com o aluno é dialética e deve ser solidária.*

Não é só o professor que ensina. Ele aprende com o

---

4 - Leia em Subsídios Teóricos no final do texto n° 2- Prova, Expiação, Missão- Três conceitos ainda não esclarecidos na dinâmica do movimento espírita.

aluno. O aluno possibilita muito ao professor. Além de obrigá-lo a estudar para atender sua curiosidade natural, o aluno ensina através de suas dificuldades, como cada um aprende, e no processo do aprender, como aplicar diversas técnicas, diferentes formas para cada um.

O aluno mostra ao professor suas falhas como profissional, quando não consegue motivar e interessar a maioria dos alunos.

Muitas vezes um aluno pode ensinar grandes lições de moralidade e justiça ao professor, se este estiver aberto a enxergar.

Em outras ocasiões o professor pode perceber que está tratando com um espírito muito superior ao dele, intelectual ou moralmente, e aprender com ele como sente e age alguém superior.

b) *Sem desenvolver a reverência pela vida fica difícil trabalhar o "ser solidário".*

Se a real solidariedade decorre de desenvolvermos nossa consciência dos elos que unem todas as coisas na Terra e no Universo, uma escola, um Centro, um trabalho de evangelização, que não possibilite essa integração, não tenha atividades para desenvolver essa percepção, estará dificultando o exercício da solidariedade e, portanto, do progresso moral.

Observe por exemplo, o trabalho que podemos desenvolver com plantas. Além de cuidar delas, acompanhar seu desenvolvimento, perceber-lhes as partes e funções, devemos utilizar trabalhos artísticos e corporais em que o educando possa desenvolver o respeito pelo vegetal, como uma das partes da vida na Terra. Numa Escola, obra ou nos Centros Espíritas os vegetais deveriam ser abundantes e sempre presentes, integrados na paisagem e percebidos como parceiros da vida e do nosso amor. Esse amor deve envolvê-los, como o "trabalho" deles nos envolve, ainda que de forma não voluntária.[5]

Através desse trabalho com vegetais, ensina-se a amar a Mente Divina que os sustenta, o princípio inteligente que os anima, a admirar a ação deles que nos possibilita a vida na Terra.

Com essa visão, a pessoa aprende a encarar o alimento com reverência, cuidando com especial carinho dos momentos em que essa mesma solidariedade universal traz a ela a possibilidade de continuar vivendo, através da vida de outros seres que a alimentam, como por exemplo, o arroz plantado, a laranja colhida, o peixe pescado, o frango e o boi mortos.

Quando uma criança, jovem ou adulto vai comer o que plantou, de que cuidou e compreendeu, estará apta a respeitar o alimento e alimentar-se com a gratidão, a alegria e o respeito necessário a esse ato tão simples.

A beleza desse momento da alimentação passa a ter maior significado, desenvolvendo um sentimento de integração para com todas as coisas vivas e a Deus, que preside os mecanismos de nosso corpo que transformam outros seres que nos servem de comida em células humanas vivas e atuantes.

Para fazer isso, precisamos conhecer ecossistemas e ecologia, até para tirarmos conclusões sobre a moral dos homens com relação a plantas, florestas, bio-diversidade, bio-ética.

O mesmo deve ser feito com o estudo de animais, dos outros povos, das sociedades mais simples, da miséria, da doença.

Com que objetivo acusamos os miseráveis e sofredores, colocando sempre que apenas pagam dívidas, resgatam crimes passados? Não poderiam estar em prova, uma vez que a maioria de nossos sofrimentos são provas? Não podem estar

---

5 - Kardec, Allan. O Livro dos Espíritos, questão 677. 29ª edição - FEB s.d.

colhendo os frutos de sua imprevidência atual? Não podem ser espíritos missionários a se forjar através do sofrimento para tarefas muito mais importantes do que supomos?

2.3. AUTO-CONHECIMENTO

O caminho da educação passa pelo do auto-conhecimento. Há muitas formas de podermos conhecer o deus que chora e o demônio que ruge em nós, como expressa o poeta. (Ver poesia que inicia o Capítulo 2).

Terapias eficientes, mas ainda inacessíveis economicamente à maioria da população, tornam a teoria e a prática do auto-conhecimento um ideal ainda distante do povo.

Na questão 919 de "O Livro dos Espíritos", os Espíritos dizem que o meio mais prático, **mais eficaz** para se melhorar nessa vida e resistir ao mal é o auto-conhecimento. Quando Kardec diz que a dificuldade está justamente em conhecer a si mesmo, Santo Agostinho recomenda, em interessante mensagem, que façamos todos os dias uma revista do que fizemos e que nos perguntemos se faltamos com o dever e se alguém teria motivo para se queixar de nós. No entanto, acrescenta que precisamos pedir a Deus e a nosso anjo guardião que nos esclareça para adquirirmos uma grande força para nos aperfeiçoar. Examinando o que fizemos contra as leis divinas, contra o próximo e contra nós mesmos todos os dias, as respostas serão motivo de tranqüilidade para nós ou nos indicarão o mal ou os erros que precisamos eliminar em nós.

Assim como a solidariedade, expressa na máxima cristã "fazer aos outros o que desejamos nos seja feito", é a pedra de toque do progresso moral, o conhecimento de si mesmo, expresso na outra máxima cristã, "ama o teu próximo, **como a ti mesmo"** é a chave do melhoramento individual.

a) *O que pensam os outros de nós*
Aí vem a parte mais difícil do conselho de Agostinho. Quando tivermos dificuldades para julgar o valor de uma ação nossa, mesmo perguntando o que nós mesmos sentiríamos se isso fosse feito por outro, devemos saber **o que pensam os outros e nesses outros se incluem os nossos inimigos, que são como um espelho ao nosso lado.** Eles não têm interesse nenhum em disfarçar a verdade, e serão mais francos do que os amigos. Claro está que um inimigo costuma emitir opiniões tão somente para nos destruir e ferir, no entanto, com o devido resguardo devemos considerar importantes suas opiniões.

Se assim agirmos, adverte-nos o espírito de Santo Agostinho, fazendo o balanço de nossa vida moral, com certeza os lucros serão maiores do que as perdas.

b) *O balanço de nossa vida moral*
Pede-nos o mesmo espírito que formulemos perguntas precisas, e não temamos multiplicá-las. Kardec diz, na referida questão, que deveríamos perceber a natureza e o móvel de nossos atos. Explica que a interrogação é mais precisa do que repetirmos máximas, que não aplicamos a nós mesmos. Respostas objetivas, tipo sim ou não, tornam-nos aptos a computar a soma de bem e de mal que existe em nós.

É interessante notar que essa objetividade simples e direta, vem ao encontro de programas de educação emocional que começam a se fazer em Universidades Americanas como conseqüência da necessidade de se ensinar as pessoas a educar emoções em especial o medo e a raiva.

Adultos, jovens ou crianças com dificuldades emocionais e morais, são em geral **incapazes de ter um "diálogo interior",** para enfrentar um assunto ou reforçar o comportamento correto. São **incapazes de "ler os outros",** perceber suas reações, ou seja, interpretam errado os sentimentos dos outros a seu respeito. **Não sabem se comportar adequadamente em situações diferentes,** nem compreendem que os outros podem ter outra perspectiva que não a sua. Além disso, **não têm uma visão realista de si** mesmo, em geral, ou **supervalorizando-se ou não se dando o valor.** Em suma, como não se amam em sua realidade, são incapazes de amar os outros.

A reeducação emocional passa pela necessidade de aprender tais coisas, além de saber **ordenar o pensamento, ou seja, estabelecer etapas para resolver problemas, verificar as alternativas de solução, prever conseqüências.**

2.4. OS HÁBITOS BÁSICOS DA MORALIDADE

Como muito bem estabeleceu Allan Kardec no comentário à questão n.º 685, de "O Livro dos Espíritos", a educação moral tem como ponto de partida os hábitos de ordem e de previdência. A desordem e a imprevidência são duas chagas que somente uma educação bem compreendida pode curar, diz o Codificador do Espiritismo referindo-se à educação moral das massas. E acrescenta: "Nisso está o ponto de partida, o elemento real do bem-estar, a garantia da segurança de todos."

Allan Kardec, em várias ocasiões, refere-se a necessidade de educar moralmente o homem. Comenta o Codificador que a arte de educar os caracteres ainda não está desenvolvida, nem é conhecida. (Ver comentários à questão n.º 916 de "O Livro dos Espíritos".)

No entanto, analisando o pouco que ele diz sobre essa educação moral, podemos entrever algumas coisas importantes:

— A educação moral não se aprende pelos livros.

— A educação moral consiste na arte, observemos que ele usa a palavra arte, e não ciência, de formar os caracteres, criar hábitos.

— A educação é o conjunto de hábitos adquiridos. O ponto de partida para a moralização do homem e para que ele atinja o bem-estar individual e social, são os hábitos de ordem e previdência e de respeito pelo que é respeitável.

— Define-se bem estar na questão 812, de "O Livro dos Espíritos" como algo relativo, que todos podem gozar e que consiste em empregar o tempo de acordo com a vontade e não fazendo trabalhos pelos quais não temos o menor gosto.

É a educação moral que irá nos permitir utilizar tudo o que aprendemos com sabedoria.

Um homem pode se conhecer e sabendo suas fraquezas, utilizar outro homem para acobertá-las ao invés de assumi-las e trabalhá-las, no sentido de se melhorar moralmente. Posso saber-me preguiçoso e sobrecarregar familiares, subalternos e amigos, manipulando-os para que "colaborem comigo", perdoando-me a "incapacidade". A forma como utilizamos nosso auto-conhecimento dependerá de nossa diretriz moral.

Por que teria Kardec colocado como ponto de partida da educação moral os hábitos de ordem e previdência?

Hábitos de ordem envolvem conceitos básicos de ordenação, quantificação, seqüência, qualificação, básicos à formação da inteligência lógica e matemática. Para arrumar uma geladeira, preciso de tais conceitos. Eles são importantes também para qualquer raciocínio. Adquiri-los exige uma programação interessante, prazerosa que transforme em hábitos de ordem, múltiplas vivências ao longo de cada dia. Além do mais, tais vivências devem ter significado para a criança, significado tanto emocional como intelectual.

Dizendo em outras palavras, os hábitos de ordem e previdência serão adquiridos, se forem necessários para uma quantidade imensa de vivências, de projetos, de trabalhos. Ninguém adquire hábitos que não sejam necessários, exigidos pelo ambiente ou por nossa forma de sentir. Adquirimos hábitos para conseguir coisas que nos interessam naturalmente como: comida, bebida, abrigo, satisfação sexual, exploração do mundo, obtenção de carinho, ou porque, os que nos cercam, nos levam a adquiri-los ainda para conseguir o que nos interessa. Adquirimos hábitos nocivos para adquirir coisas que nossa vontade e liberdade nos levam a desejar, ou que nos ensinaram serem importantes e belas.

    Para adquirirmos bons hábitos de ordem e previdência, devemos vivenciar muitas situações em que eles sejam necessários.

    Toda vivência para produzir bons resultados tem que ser significativa PARA A FASE DE DESENVOLVIMENTO E PARA A EMOÇÃO. É significativo para a criança fazer coisas para agradar quem ela ama. Isso atende às suas necessidades de aceitação e carinho. No entanto, se o que se pede a ela não tem significado inteligente para sua fase, se está acima de sua compreensão, se não lhe dá prazer, só será feito pelo fato de "agradar" a alguém que ela ama. Quando essa pessoa estiver longe ou desencarnar, tal conduta será deixada de lado.

    Os hábitos de previdência consistem em aprender a pensar de modo a considerar todos os fatores que estão envolvidos em um problema, ser capaz de relacioná-los e prever, ao menos em parte, o que acontecerá no futuro, se for mantida a mesma situação; pensar em termos globais, vendo a totalidade, percebendo como se relacionam as partes, de modo a considerar a interação de todos os fatores envolvidos em um assunto. Esses hábitos de prever e se organizar para o futuro valem tanto para uma empresa, como para uma casa, tanto para nossa vida afetiva, como para a educação de nossos filhos.

    Esses hábitos de ordenar e prever são a base, o alicerce da vida moral, porque nos possibilitam agir com mais **discernimento e equilíbrio.**

    Resta-nos procurar entender ainda, que tipos de hábitos

nos ensinarão a ter respeito pelo que é respeitável segundo expressou Allan Kardec.

Sendo o respeito um dos elementos básicos do amor, só podemos entender a expressão de Kardec, como o desenvolvimento do respeito pela vida, de solidariedade para com todos os seres, vegetais, animais e o próprio homem.

O conceito básico do respeito, é o respeito à vida, à lei natural, à ordem universal.

Respeito é uma atitude que envolve o amor pelo ser respeitado, de modo que desejamos o crescimento, a iluminação e a felicidade desse ser, segundo sua opção, seu caminho e não segundo nossa determinação e nosso caminho. Esse é o respeito básico para o exercício do amor, objetivo máximo da educação moral. Respeitar por dever, não é o correto, embora seja melhor do que o desrespeito. Muitos espíritos aprendem por esse caminho, do dever chegam ao amor.

Os hábitos de ordem, previdência e respeito à vida, não são tudo, porém. Tenhamos tais hábitos sempre como ponto de partida.

2.5. A EDUCAÇÃO DAS EMOÇÕES

Na educação moral o controle das paixões, tanto positivas como negativas, é essencial.

O psicólogo Emílio de Myra y Lopes, diz em seu livro "Os quatro gigantes da alma" que o homem necessita aprender a usar o medo sem se anular, a ira sem se consumir e o amor sem se exaltar. Pelo menos conseguir fazer isso na maior parte do tempo, mantendo a harmonia interior.

Como realizar essa outra parte da educação moral?

Esse é um campo em que se iniciam pesquisas psicológicas e pedagógicas. Há poucas conclusões, mas algumas bastante interessantes.

Programas de educação emocional, técnicas de "Alfabetização emocional", são conquistas recentíssimas da Psicologia e da Pedagogia.

Algumas dicas importantes em termos de educação moral:

1ª: Sermões e pregações são de valor muito reduzido. Geralmente entendemos apenas o que nos convém, o que nos auxilia a manter os padrões já estruturados pela nossa educação, pela nossa sociedade e por nossas experiências emocionais.

2ª: A emoção não aceita a linguagem racional. Se queremos falar ao emocional de educandos, sejam adultos ou crianças, temos que utilizar a lógica da emoção.

Na lógica emocional, a cada ação corresponde uma reação mas essa reação não será a mesma sempre, como nas ciências exatas. Ela vai variar de indivíduo para indivíduo e no mesmo indivíduo dependendo das experiências e da fase em que ele se encontra. A lógica emocional forma-se através de nossas experiências pessoais, do tipo de amor que recebemos, dos mitos que nos embalaram, dos provérbios que constituíam a crença real de nossa família; e enfim, de toda uma série de experiências ligadas à emoção.

Por tal motivo, nossa emoção permanece incapaz de entender e aceitar a lógica racional dos fatos. Nosso emocional é tocado por metáforas, por parábolas, por fábulas, por contos e por mitos. Por tudo aquilo que nos formou ao longo do tempo, nesta e em outras encarnações. Todo simbolismo é capaz de movê-lo. Por tal motivo, sempre que quisermos alterá-lo, devemos iniciar utilizando tais simbolismos e só depois, trabalharemos em nível racional.

3ª: As artes são de imenso valor para trabalhar com a mente emocional. Na emoção não há lei de causa e efeito como nas relações entre as coisas. No emocional, coisas idênticas podem causar um ato de amor, de repulsa, de destruição, de desespero, dependendo de como estão

estruturadas na mente de cada pessoa. Há uma lógica das emoções comuns para todos nós, o que não existe é que estímulos externos iguais, provoquem sempre a mesma reação em todos, como acontece no mundo físico.

Os romances, poesias, filmes, música, teatro, ópera, falam essa linguagem da emoção através de suas linguagens.

Como utilizar a arte para isso? Que argumento selecionar para teatro e dança? Que histórias selecionar? Como contá-las? Como escrevê-las?

Importa nesse campo, além do conhecimento técnico, sabermos o que estamos passando com a arte, com a história, com o conto, com o trabalho. Para isso temos que ter clara a mensagem inconsciente que estamos enviando.

Há interessante coleção dos contos de Grimm e de Andersen da Editora Kuarup de Porto Alegre, onde cada livro tem no seu final, uma análise de sua mensagem emocional.

Lendo tais explicações fica mais fácil entender que mensagem cada autor pretende dar com sua história e assim utilizá-la de modo mais consciente.

Esse é um campo em que o educador há que se aprofundar para agir de modo ético e responsável. Quando falamos ao emocional, estamos trabalhando em nível do inconsciente das pessoas, colocando valores e emoções pelos quais seremos responsáveis.

Pessoas trabalhadas em nível da emoção, integradas nesse processo, estarão nas mãos dos educadores, sejam eles pais, professores, chefes, pastores, médiuns. Elas não terão defesas contra os sentimentos de culpa, as acusações de maldade, as manifestações de desprezo que o educador passar para elas. Trabalhar o nível emocional envolve uma imensa responsabilidade moral.

O educador que trabalhar a arte e os símbolos para desenvolver a auto-estima, a confiança, a perseverança no bem, a integração amorosa para com todos os seres, certamente será uma bênção na vida de cada pessoa com quem estabeleça a relação dialética do educar.

a) *Entendendo como adquirimos nossas emoções*

Com quem aprendemos o preconceito racial? Ninguém, pelo menos no Brasil, ensina abertamente que os brancos são melhores do que os pretos e mulatos, que japoneses são esquisitos e, embora trabalhadores, são insensíveis, incapazes de sentir emoções como nós. Essas mensagens fazem parte de nossa estrutura familiar e social, alcançam-nos através de metáforas, ditos populares, piadas.

Além dessa infinidade de mensagens que recebemos em nível emocional de nossa estrutura familiar e social, existe em cada família, por causas históricas e culturais, a idéia de que "nós somos melhores do que os outros", o que fazemos é superior ao que nosso vizinho faz. Nossas estruturas familiares incentivam o narcisismo grupal.

Do mesmo modo, os grupos religiosos julgam-se uns melhores do que os outros e não trocam experiências; fecham-se ao ouvir argumentos de outros grupos mesmo com relação a pontos comuns, quais sejam: o que é amar o próximo, o que é ser bom, em que consiste a solidariedade, como auxiliar realmente a miséria, o que fazer com filhos problemas, que comportamento é incentivado pelas diversas correntes religiosas com relação à conduta sexual, a cooperação em família, ao desemprego e a violência urbana.

Quais são as causas do narcisismo que nos isolam dos demais? Por qual motivo nos fechamos em nossos sistemas familiares, religiosos, sociais, econômicos, evitando trocas e tendo horror à mudança?

Em abril de 1997, um grupo de jovens de 16 a 21 anos, pertencendo a famílias de juízes e filhos de famílias de classe média, jogou álcool num índio pataxó e queimou-o. Nas declarações, os jovens disseram imaginar que fosse um mendigo. Mesmo que estivessem sob o efeito de drogas, o que faz com que um grupo de jovens se considere no direito de matar uma pessoa que julga marginal? Como bem respondeu uma autoridade brasileira, tal grupo se julga diferente, não encara os miseráveis como semelhantes.

Essas idéias incutidas em suas mentes, através de várias formas, contrariam os sentimentos inatos de igualdade, de fraternidade. Desviam-nos do núcleo instintivo e natural que existe em cada um de nós, que repele naturalmente tais atitudes. Neles, o egoísmo e o orgulho exageraram o instinto de defesa, criando o prazer da destrutividade.

É o cultivo dessas idéias de que somos melhores, diferentes, mais capazes e que, por isso, temos direito e até dever de eliminar da vida os incapazes, os miseráveis, os marginais, os que não pensam e agem como nós, que causa tais comportamentos absurdos. Isso está também ligado à idéia de que somos detentores da verdade absoluta e que temos direito de propô-la e mesmo de impô-la aos outros que devem ser impedidos de discordar de nós.

Tais idéias cultivadas em nível emocional, muitas vezes sem a linguagem verbal, em cada família, em cada grupo social, permitiram que de 1939 a 1945, um povo, sob o comando de um homem inteligente, com sensibilidade artística, matasse seis milhões de judeus, ciganos, homossexuais e comunistas, em nome da "pureza" da raça e da liberdade de sua raça superior, destinada a dirigir os outros povos inferiores.

São essas mensagens recebidas com o leite materno, conforme esclarece Kardec no comentário à questão 917 de "O Livro dos Espíritos", que perpetuam as estruturas que incentivam o egoísmo e o orgulho, que nada mais são do que exageros do instinto de conservação, consoante o próprio Codificador.

b) *As mensagens dirigidas à emoção*
Essas mensagens que incentivam o egoísmo e o orgulho

de grupos, povos e pessoas, existem em muitos contos, mitos, propagandas e ditos populares. Uma vez instalada em nosso inconsciente ou em nossa "mente emocional" como querem outros, não adianta mostrar o seu absurdo. A pessoa achará justificativas para seus preconceitos e para suas posições absurdas e desumanas.

O emocional responde aos simbolismos, pois assim se formou no processo evolutivo. Por isso necessitamos alimentar a mente emocional, com **outro tipo de símbolos, contos, mitos, propagandas, provérbios, fábulas.**

Se esse embasamento simbólico for adequado aos ideais de igualdade, fraternidade e liberdade, que caracterizam o Espiritismo, fica muito mais fácil realizar projetos com crianças, adolescentes ou adultos em que a solidariedade seja exigida para o trabalho cooperativo e em equipe. A linguagem simbólica, e as diversas linguagens da arte, do corpo, do trabalho estabelecem os fundamentos emocionais necessários para dar coerência e base as nossas atividades e decisões. Com tais fundamentos a parte racional do fazer estará em harmonia com a lei divina e natural que existe em nós.

Jesus utilizava parábolas e vivências. O seu contato com as pessoas do povo era direto, para que a sua personalidade influenciasse diretamente. A ligação com a Natureza era constante. O diálogo com os marginalizados, publicanos, prostitutas, samaritanos, mulheres, "zelotes", homens rudes e simples era continuado.

Alimentemos, pois, a mente emocional, como ele o fez com outros contos, mitos, histórias. Analisemos as coisas antigas à luz dos novos ensinos espíritas utilizando comparações semelhantes as que Jesus fazia quando dizia: "ouvistes que foi dito, olho por olho e dente por dente, eu porém vos digo,...".

Somente mudando os mitos, os contos, as histórias, apenas estabelecendo o diálogo sem preconceitos, conseguiremos formar uma base emocional para as decisões e conclusões racionais, que se fazem necessárias na Doutrina Espírita. É essa mudança da mente emocional que vai dar o suporte para que os princípios doutrinários sejam colocados em prática e não deturpados por sentimentos inculcados em nossa mente por mitos, histórias, contos e atos que contrariam a lei natural.

Quando falo de mente infantil, refiro-me não só às crianças, aos jovens ainda imaturos, mas sobretudo a todos nós que ainda nos debatemos entre o "demônio que ruge e o deus que chora", crianças emocionais que somos, distantes da maturidade e do controle equilibrado das paixões.

A mente emocional distorce os fatos para ajustá-los à sua realidade interior e diante de um mesmo discurso podem existir duas reações emocionais opostas e, devido à emoção, duas formas de compreender totalmente diferentes.

Quem já se acostumou a trabalhar em grupo sabe a importância de que as decisões sejam escritas de forma muito objetiva, registradas, assinadas por todos em atas, resumos ou livros de regras.

As pessoas que não conseguirem realizar sua parte nos trabalhos tenderão a se esquecer do combinado, a achar que a regra foi outra e isso sem má-fé. Seu emocional "deturpa" a realidade. Acabamos nos lembrando só do que nos convém e realmente apagando o resto.

As nossas emoções criam uma realidade interior que "ignora" a realidade externa. Nossas crenças são tomadas por nossa mente emocional como verdades absolutas. Não cederão a nenhum argumento lógico.

Qualquer ameaça a essa realidade interna que montamos como defesa de nosso eu, para dar um sentido à nossa vida, para defender nossa pretensa superioridade espiritual, familiar, racial, nacional, deixa o ser humano em pânico, em fuga, irritadíssimo ou agressivo.

Daí porque, ao trabalharmos em nível emocional, termos

que nos utilizar de mensagens simbólicas encaminhadas de modo indireto à nossa emoção.

Por ignorar isso, muitas pessoas se recusam a trabalhar a "mente infantil" com tais instrumentos. Desconhecem os caminhos pelos quais passou a evolução do nosso espírito e a formação do nosso cérebro. O cérebro que manifesta a emoção no corpo físico e, com certeza no perispírito, surge no processo evolutivo, antes do cérebro que manifesta a inteligência, a vontade e a lógica. Por tal motivo, as crianças pensam de modo emotivo e não lógico. Espíritos que ainda não superaram esse estágio, seja por marginalização social, seja por seu próprio nível evolutivo ou por uma educação infantilizante recebida de pais super- protetores, também manifestarão um pensamento dominado pela emoção, alheio à lógica.

Ouço de muitas pessoas, não apenas as espíritas, afirmativas dizendo que as "crianças hoje não são mais bobinhas, são tão racionais, recusam-se a pensar que nuvens falam, bichinhos pensam, árvores caminham."

Claro está que se queremos formar pessoas racionais, não podemos alimentá-las com histórias que recusam essa forma de raciocínio e tudo fazem para que acreditem na boa estrela, na magia para mudar a vida, nos pedidos a estrelas cadentes ou na mudança de nosso destino através de velas, patuás, despachos e outras mágicas materiais.

Trabalhar nesse sentido em educação subentende que o educador esteja preparado para compreender as mensagens dirigidas a mente emocional por histórias, contos e mitos, de modo a saber como essas histórias estão direcionando a emoção dos leitores ou ouvintes.

Necessitamos, também, compreender em contos e parábolas seu sentido simbólico para que o trabalhemos, posteriormente, através das artes, de outras histórias e vivências diversas. Trabalhar o sentido simbólico significa utilizar todo tipo de ação, não apenas a arte, para atingir o espírito reestruturando o seu agir, o seu sentir e o seu pensar, no sentido da lei natural, do sentimento inato da justiça, do amor e da caridade que existe em nós.

c) *Com que objetivos se fala à emoção.*
É claro que a maior parte das pessoas utiliza metáforas, parábolas, mitos e contos para manter crianças e adultos sob seu domínio, dependentes deles e obedientes às suas determinações.

Grande parte dos contos e mitos são escritos para que as pessoas não cresçam, não dirijam sua vida, não se responsabilizem por seus atos, não se organizem para conseguir seus fins. Esses contos e mitos, em especial os da cultura ocidental, foram montados através dos milênios por pessoas que desconfiavam do povo, defendiam seus privilégios, ocultando o saber e considerando as pessoas comuns como incapazes de utilizar corretamente o conhecimento. (Veja Emmanuel, A Caminho da Luz, Cap IV e V.)

É natural assim, que nesses contos e mitos, tudo dependa de um poder dos deuses, que muitas vezes é caprichoso, mas sempre decide tudo e faz do homem um joguete de suas forças. Em outros mitos, os seres humanos são sempre joguetes de suas paixões, incapazes de libertar-se delas, dominados totalmente por seus desequilíbrios. O ser humano é incapaz de vencer a si mesmo, tomando as rédeas do destino. Embora profundas e inteligentes tais histórias, criadas em sua maioria pela casta sacerdotal, enfraquecem o homem estabelecendo dependência e mantendo a dominação.

A mãe que conta histórias para que a criança obedeça, sem ouvir os argumentos da criança com relação à sua desobediência, está trabalhando a emoção infantil para manter o medo e a submissão.

Da mesma forma o religioso que se aferra aos mitos

antigos sem lhes perceber a intenção oculta, busca, na verdade, manter o ser humano dependente dos poderes sacerdotais. Por isso se diz para as pessoas que elas são fracas, que tendem ao mal, que são incapazes de ser boas e ao mesmo tempo se ensina a elas que o poder sagrado do sacerdote pode perdoar seus pecados e conseguir por meios de ritos a sua salvação.

Muitos espíritas também cultivam esse mito da fraqueza e incapacidade do espírito humano, dizendo que estamos nos redimindo e nosso passado delituoso nos impulsiona ao mal. Isso é decorrência de uma compreensão da idéia de expiação, prova e missão, com a visão sistêmica de outras religiões, para as quais a vida é sempre queda, expiação e castigo, tendo em vista a tendência do homem ao mal, pelo pecado original, ou pela queda na matéria.

Capítulo 3

OUTROS PRINCÍPIOS QUE FAZEM DO ESPIRITISMO UMA RELIGIÃO E UMA FILOSOFIA DIVERSA DAS QUE O PRECEDERAM

> — *O método de observação indutiva e experimental aplicado às manifestações dos espíritos.*
> — *A percepção do espírito através do perispírito integrada à percepção dos órgãos dos sentidos.*
> — *Um novo conceito de Revelação. Uma revelação feita por muitos espíritos. A democratização da Revelação.*
> — *O método dialógico.*

3.1. O MÉTODO INDUTIVO. A PERCEPÇÃO NO ESPÍRITO

Mestre Herculano Pires observa com acerto admirável:

"Até o aparecimento do Espiritismo o pensamento espiritualista era platônico. Admitia o pressuposto de uma realidade metafísica da qual decorria toda a realidade física. O Espiritismo assumiu a posição aristotélica: buscar na realidade concreta a sua essência possível e dela partir para as induções metafísicas." (Introdução à Filosofia Espírita, Cap. VI, pág. 78 - Paidéia, 1ª edição - 1983.)

Tudo no Espiritismo mostra tal posição. Conforme esclarece o próprio Herculano mesmo o conceito de Deus não vem de uma idéia abstrata infundida na mente humana, uma idéia inata existente na consciência, mas de um sentimento inato, o que é diferente. A existência de Deus pode ser concebida como idéia, lançando-se os olhos sobre a Natureza. Deus se prova pela existência do mundo, o sensível serve de base para a conclusão metafísica. A formação do conceito, da idéia da existência da divindade é posterior ao sentimento instintivo-intuitivo e só pode ser formada através do pensar sobre o sensível.

A essência do homem só se completa na vivência do mundo e no mundo. Não existe uma essência no homem a não ser como possibilidades e latências. A metáfora da semente é, novamente, uma comparação segura. A semente não é a árvore. Contém suas potencialidades que só irão se tornar reais na existência, no viver, tanto no mundo material, como no mundo espiritual.

É através da experiência do sensível, por repetição, sempre do particular para o geral, que conseguimos formar idéias e conceitos.

Não foi, portanto, uma idéia inata da existência do espírito, nem uma abstração racional que nos levaram à crença na sobrevivência do espírito ao corpo. Na história do homem das cavernas, tal crença já existia. Ela é decorrente da observação dos fenômenos mediúnicos de efeitos físicos ou inteligentes, que ocorriam naturalmente, desde a mais remota antigüidade. Os animais podem perceber espíritos. Com muito mais propriedade pode o homem percebê-los sem que por isso necessite grande desenvolvimento da inteligência.

Foram, portanto, os fatos sensíveis, a observação do real que levaram o homem a adquirir a idéia da sobrevivência do espírito.

Se partimos de tal pressuposto, vemos que as categorias de percepção, como tempo e espaço, foram desenvolvidas através da evolução do princípio inteligente **sempre pela experiência sensível.** A percepção de tempo e de espaço, bem como a percepção do espiritual, também se formam assim.

Reconhecida a importância do sensível para formação de nossas idéias e categorias de pensar, como educar sem desenvolver os sentidos?

3.2. COMO AFINAR O CORPO COM A FORMA DE PERCEBER DO ESPÍRITO

Nas questões de números 245 a 256, de "O Livro dos Espíritos" encontramos a explicação de Kardec, de que os espíritos, ouvem, vêem e percebem por todo o seu perispírito. Não dependendo mais do corpo físico, a própria natureza do corpo perispiritual, faz com que as percepções não sejam mais localizadas nos olhos, pele, ouvidos, nariz, língua.

Se partirmos desse princípio podemos tentar realizar atividades educacionais que teoricamente auxiliariam as percepções do espírito.

Se o espírito é o conhecedor, se sente e percebe por todo o seu ser, ensinar a perceber o mundo através de todo o corpo, é afiná-lo com o tipo de sensibilidade que permitiria ao espírito utilizar ao máximo o seu instrumento de manifestação.

O corpo percebe através dos sentidos que se integram no cérebro. Temos o olfato, a audição, a visão, o tato, o gosto, o sentido do equilíbrio (quinestésico), o sentido do movimento (cinestésico). Experiências sensoriais em que empreguemos todos esses sentidos, percebendo um fato, uma cor, um animal, um objeto **com todo o corpo, utilizando todos os sentidos**, possivelmente auxiliarão quem aprende a tornar o seu corpo mais adequado à forma de percepção do espírito. É como se pudéssemos deixá-lo mais transparente à luz do espírito.

Possibilitando experiências sensoriais globais em que nos utilizemos de todos os nossos sentidos, estaremos fazendo o corpo funcionar de modo semelhante ao espírito (com o perispírito). Sintonizando o corpo com a forma perceptiva do espírito, nós o tornamos **mais capaz de predispor o espírito a desenvolver seu potencial de sensibilidade, magnetismo, instinto, inteligência, intuição.**

Pelo menos em teoria, um corpo que integre todos os sentidos ao perceber o mundo, estará mais apto a possibilitar ao espírito a manifestação de suas aquisições do passado. Da mesma forma, um corpo que não desative pelo desuso áreas cerebrais, será um instrumento mais rico, com maiores escalas, a serem dominadas pelo espírito.

Se nosso espírito deve desenvolver o conhecimento matemático, que ainda lhe falta, ele pode escolher um corpo que facilite a aprendizagem dos conceitos matemáticos e dificulte, por exemplo, a área verbal, onde ele já se desenvolveu bastante. No entanto, as experiências familiares, sociais, a forma como ensinamos a perceber o mundo irão limitar essa predisposição ou auxiliar seu desenvolvimento.

Quando as experiências sensoriais limitam, atrapalham ou deturpam a percepção do espírito através de limitações cerebrais ou corporais, teremos o espírito diante de um instrumento desafinado pelo ambiente ou mesmo deformado pelas experiências. O desenvolvimento do corpo estará assim limitando o desenvolvimento do espírito. O esforço do espírito terá que ser muito maior.

Tal afirmativa levanta apenas uma hipótese, que o futuro poderá verificar, quando formos capazes de trabalhar em conjunto com o mundo espiritual de modo mais objetivo e controlável. Mesmo que o desenvolvimento científico do futuro revele essa hipótese como incorreta, ainda assim, o fato de desenvolvermos nossos sentidos

como um todo, com certeza, beneficia a formação da lógica e do pensamento sistêmico, a visão integrada das coisas, facilitando ao homem a compreensão mais ampla da vida e do movimento dialético que existe em tudo.

Crianças como as de hoje, que ficam muito tempo, em geral três horas diárias, vendo televisão, empobrecem o instrumental do corpo e limitam a manifestação do espírito. Todas as aquisições milenares e perfeitas do instinto, expressas no cheirar, ouvir, movimentar, equilibrar, sentir com o tato ficam embotadas e esquecidas. Limitando a base perceptiva do corpo, será muito mais difícil para o espírito desenvolver as faculdades humanas como o abstrair, o raciocinar, o tirar conclusões, o memorizar. Sentir com todo o corpo, pensar com todo o corpo, formar conceitos como leve, pesado, claro, escuro, **utilizando todos os sentidos, movimentando e trabalhando todo o nosso corpo e não apenas a cabeça,** garantem o desenvolver da percepção total que é, segundo Kardec, a forma de percepção do espírito.

Anotemos como importante: existem sentimentos inatos, decorrentes da lei moral que existe em nós, como selo da Divindade.

Uma educação realmente espiritualizante não pode permitir que o homem perca contato com esses sentimentos inatos que existem em cada espírito.

As idéias, os conceitos, as noções são adquiridos, através de repetidas experiências sensoriais neste plano material e no plano espiritual. Essas idéias que são constantemente renovadas pela experiência e vivência podem tanto desenvolver esses sentimentos naturais como alterá-los, fazendo-nos ver as coisas sob um falso ponto de vista.[1]

Uma educação realmente espiritualizante tem que

---

1 - Kardec, Allan. "O Livro dos Espíritos" questões 873 e 874. 29ª Edição FEB.s.d.

perceber que conceitos, vivências, idéias contrariam esses sentimentos inatos e, ao mesmo tempo, saber que tipo de vivências e conceitos possibilitam o desenvolvimento deles.

Quando desenvolvemos esses sentimentos inatos despertamos as paixões e sentimentos que harmonizam o espírito. Temos assim, a paixão pelo conhecimento, pela vida e pelos seres, pelos prazeres ligados à espontânea manifestação dos instintos, à paixão pelo bem, pelo belo, pela solidariedade universal. Todas essas paixões desejáveis só são desenvolvidas através de vivências e aquisição de conceitos correlatos. Pregações sobre moralidade não levam à aquisição da moral. Vivências sim; especialmente, se depois forem expressas não só verbalmente, mas por todas as formas de atividade e linguagem possíveis ao homem: através dos movimentos, de trabalhos, da linguagem oral e escrita, da linguagem da arte, desde a mímica até o teatro, da música, pintura, escultura, poesia, cinema e dança.

As paixões, dizem os espíritos, podem conduzir o homem a grandes coisas. Elas só se tornam perniciosas quando nos governam e resultam em prejuízos para os outros ou para nós.[2]

No entanto, se as experiências e vivências desenvolverem em nós idéias e conceitos, que relacionados com paixões como a paixão da vingança, do orgulho, da viciação no uso dos instintos, estaremos perdendo o contato com nosso núcleo instintivo, perfeito e seguro. Ele poderá nos guiar sempre e às vezes com mais segurança que a razão. Sem esse contato com nossos sentimentos naturais, desenvolveremos as paixões negativas que nos conduzem ao desequilíbrio e à infelicidade.[3]

---

2 - Kardec, Allan. "O Livro dos Espíritos", questões n.º 907 a 912.
3 - Kardec, Allan. "O Livro dos Espíritos", questões n.º 71 a 75.

Isso significa mudar muito em educação. Em geral só usamos a visão e a audição e impomos aos nossos educandos o silêncio, a parada corporal, as horas monótonas de trabalho apenas cerebral.

Imaginaram se André Luiz, o espírito que tantos ensinamentos nos deu, através de obras psicografadas, tivesse recebido os ensinamentos que nos passa, em bancos frios de um salão, ouvindo preleções de professores? Por mais evoluídos e espiritualizados reduziriam o real ao audível. A riqueza da experiência pessoal seria limitada ao "ouvir dizer", ao ouvir a experiência e a vivência do outro. Em suma, André Luiz seria espectador, reduzido ao espectadorismo, como as nossas crianças paradas diante da TV.

Ao contrário, os trabalhos relatados nos livros são de vivência, de interferência no real daqui e do mundo espiritual, de dedicação, de afeto, de vida enfim. Aulas teóricas **durante** a prática, raramente antes dela. Poucas vezes palestras como início de uma atividade-curso, às vezes, aulas como encerramento do trabalho realizado. O tempo todo as atividades são dirigidas amorosamente por instrutores espirituais cuja ação sempre se faz no sentido do bem e do equilíbrio.

3.3. ABRINDO NOVOS CAMINHOS À PERCEPÇÃO

Esses relatos devem nos inspirar em nosso trabalho educativo nos Centros, na assistência social, nas escolas e obras.

No dizer de Herculano Pires, funcionamos no mundo material com uma razão "prisioneira da rede sensorial, funcionando em relação ao mundo através dessa rede". [4]

---

4 - Em "Introdução à Filosofia Espírita" - Cap. III, pag 34 - Paidéia, 1ª Edição - 1983.

Uma educação realmente espiritualizante irá trabalhar essa rede sensorial, que funciona sistemicamente, abrindo novos caminhos no cérebro, através sempre de experiências sensíveis, para melhor manifestação do espírito. Quanto mais nossa percepção for integrada, tanto mais se parecerá com a do perispírito[5].

Desenvolver a percepção integrada, permitirá por lógica que as potências do espírito se manifestem mais facilmente. O corpo, utilizando todos os seus recursos perceptivos de modo integrado, fornecerá um instrumento mais perfeito para que as faculdades espirituais se desenvolvam e frutifiquem. Poderão manifestar-se com maior facilidade, tanto as percepções já trabalhadas em vidas anteriores e na espiritualidade, como as novas formas de sentir e pensar, que estejamos desenvolvendo pela primeira vez como espíritos reencarnados.

No entanto, nesse trabalhar integradamente o sensório, devemos ter muito claro, que tipo de idéias estamos desenvolvendo. Podemos trabalhar de forma integrada e passar preconceitos, cultivar paixões como o racismo, fanatismos religiosos, rigidez moral, puritanismo, viciações e intolerância.

Exemplifiquemos como trabalhar conceitos de forma integrada.

O conceito de equilíbrio, por exemplo, há que ser trabalhado em movimentos, em jogos que utilizem equilíbrio estático e dinâmico, através de cores em equilíbrio e desequilíbrio, através de montagem com materiais diversos como galhos, sementes, metais e pêndulos. Qualquer coisa em equilíbrio servirá para produzir vivências, por exemplo, equilíbrio corporal a dois, danças, discussões sobre equilíbrio psicológico, equilíbrio das emoções, equilíbrio

---

5 - Ver ensaio teórico sobre as sensações dos espíritos, após a questão 256 de "O Livro dos Espíritos".

no ritmo musical, no ritmo do trabalho-repouso. No olfato, através da cozinha, o equilíbrio dos cheiros, da química dos alimentos, dos perfumes, do tato. O equilíbrio entre áspero e liso. No paladar o equilíbrio no sal e no açúcar. Na Matemática, na Física, na Química, quanto podemos fazer para que se entenda o equilíbrio, para que se enriqueça o seu significado com experiências sensíveis e objetivas. Na poesia, e em todas as artes, também. São centenas de experiências a serem repetidas **ao longo de muitos anos,** para fixar os conceitos, não apenas de equilíbrio, mas outros correlacionados.

Assim, os conceitos de contrastes, de nuanças, de equilíbrio dos contrários, da harmonia na diversidade, irão sendo trabalhados à medida que surjam, no estudo do sensível e da vida. Os conceitos de movimento para o progresso como resultado de uma busca de equilíbrio no desequilíbrio provocado pelo homem. O conceito de equilíbrio na própria dinâmica da existência, onde, desde a temperatura do corpo, tudo se mantém em um equilíbrio oscilante, dentro de padrões, mutáveis e em contínua transformação. Desses conceitos chegaremos à necessidade de respeitarmos as várias propostas de reequilíbrio, na vida, na emoção, na ciência, na estética e até na parte moral, pois o homem diante da "mesmice", da "igualdade repetitiva", perde a sua criatividade e tem maior dificuldade de evoluir.

Esses tipos de trabalhos em que utilizamos todos os sentidos, através de muitas experiências e vivências, é apenas um pálido exemplo de quanto se pode fazer em educação para que ela realmente transforme o homem.

Ressaltemos novamente o que já dissemos. Posso trabalhar o conceito de equilíbrio, mas passando idéias falsas como por exemplo a de que o homem tem o direito de interferir nos ecossistemas estabelecendo um equilíbrio melhor do que os da Natureza, para "desenvolvimento" econômico dos povos. Ensinar a falsa idéia de que o equilíbrio social, exige pessoas que obedeçam e as que dirijam, sem diálogo, pois os que reencarnam com limitações no intelecto ou os que ainda não se desenvolveram intelectualmente, deverão ser resignados e mansos e aceitar aqueles que são superiores. Cultivar, através de atividades artísticas, a idéia de que ser equilibrado emocionalmente significa aceitar passivamente as situações de dificuldade, uma vez que enfrentá-las exigiria um trabalho muito grande, para o qual ainda se tem forças.

No entanto, seja para libertar o ser humano, seja para escravizá-lo, seja para reprimir seu lado natural ou seja para controlá-lo, a educação que trabalhar a percepção como um todo será sempre mais eficiente.

Enquanto nossos métodos educacionais forem apenas auditivos, um pouco visuais, nada participativos, desvinculados da realidade prática, estaremos discursando sobre a realidade ao invés de transformá-la.

O que é mais grave, estaremos impedindo espíritos mais simples e ignorantes de terem acesso aos conceitos que são necessários para que desenvolvam seu potencial de raciocínio e de amor.

3.4. A REVELAÇÃO DEMOCRATIZADA. CONSENSO E RACIONALIDADE COMO CRITÉRIOS.

É o Espiritismo uma grande revolução no campo da idéia de Revelação Religiosa. Pela primeira vez na história uma Revelação não está restrita a um só homem, não se personifica em um profeta ou messias.

O próprio Codificador, em "A Gênese", Cap. I, item 54, assim se expressa:

"Não confiando a um só Espírito o cuidado de promulgação da doutrina, Deus quis que tanto o menor como o maior entre os Espíritos, como entre os homens, trouxesse a sua pedra para o edifício, a fim de estabelecer entre eles um laço de solidariedade cooperadora, o que faltou a todas as doutrinas oriundas de uma fonte única." E mais abaixo afirma: "... a doutrina para cumprir a vontade do Criador, não poderia ser obra de um só Espírito nem de um só médium; ela não poderia surgir senão da coletividade dos trabalhos controlados uns pelos outros".

Espíritos se manifestam e são interrogados, fornecem informações sobre o mundo espiritual, a vida após a morte. Tais informes são catalogados por alguém que não atuou como médium, analisados racionalmente passados pelo crivo da análise racional e cotejados uns com os outros para que se verifiquem os pontos onde não há divergência, onde o ensino é universal, onde há concordância. Assim, são incorporados à uma Doutrina que se deve desenvolver sem se opor aos conhecimentos da Ciência que estuda a matéria. Devem tais ensinos se constituir em uma nova Ciência, estudar os espíritos e a realidade espiritual em sua ação com a realidade material.

Esse procedimento é tão inusitado que só um missionário do porte de Kardec poderia concebê-lo. Não há autoridades a nos ditarem o que fazer. A opinião dos Espíritos tem o valor de uma opinião pessoal. O critério da fé é a razão. A moral não pode ser imposta por regras exteriores ou pelo poder de uma autoridade constituída com poderes divinos para nos perdoar ou abençoar. Há uma moral implícita na Natureza e, portanto, em nós. Nós a sentimos de forma instintiva mas temos que entendê-la racionalmente. Isso se faz ao longo da história, na prática da adoração a Deus que, na verdade, como já vimos, é a prática da solidariedade para com todas as coisas.

Totalmente nova essa desvinculação da autoridade religiosa. Totalmente livre a religiosidade da profissão de religioso, que deixa de existir, uma vez que deixam de existir lugares sagrados, pessoas sacramentadas, sacramentos, rituais e homens de Deus, que vivam da religião.

A mediunidade, sem estar ligada à santidade ou à bruxaria, é fenômeno natural e objeto de pesquisa. Os ensinos dos Espíritos são sempre cercados de indagações, perguntas, hipóteses. O método do diálogo com os Espíritos retoma o diálogo de Sócrates e inaugura um método de pesquisa da realidade espiritual e da Revelação nunca antes utilizado.

3.5. REVELAÇÃO DEMOCRÁTICA, EDUCAÇÃO DEMOCRÁTICA.

Diálogo com o real metafísico e educação dialogal

Isso significa uma educação destituída de autoritarismo. Uma relação de amor e respeito deverá permear o processo educativo, uma vez que nada justifica uma pretensa superioridade do professor que compartilha a vida com os alunos ao invés de impor-lhes disciplinas e autoridade. Todos têm voz e vez e será a criança, o jovem, o adulto que deverão indicar de onde partirá o processo educativo, ouvidos em seus interesses e necessidades.

Significa, também, que é preciso desenvolver nos educandos essa capacidade de análise, de confronto do revelado e das idéias com a realidade, e sobretudo, o direito de interrogar, tornar a interrogar, comparar, discutir, com aquele que pretenda dirigir o processo de ensino. Essa foi a atitude de Kardec para com os Espíritos e não raras vezes ele os interroga até a exaustão de um assunto ou até que digam que não sabem ou não têm meios de nos explicar.

Essa atitude indagadora, de diálogo com os instrutores, de análise das respostas, de comparação e conclusões baseadas em fatos, merece da parte dos educadores espíritas muita reflexão.

Todos os métodos que nos levem a tirar conclusões

impossíveis de serem analisadas e confrontadas com os fatos reais, sensíveis, devem servir apenas como opiniões, hipóteses, possibilidades futuras, ou teorias.

Sem esse bom senso na análise dos fatos, estaremos voltando aos comportamentos mágicos e míticos, fantasiosos e imaturos.

A Revelação democrática impõe um ensino e uma educação também democrática que se embase numa participação cooperativa, onde todos, do mais sábio ao mais simples e ignorante, tenham voz.

Do diálogo, o método por excelência da Revelação Consoladora, deve-se retirar o método pedagógico.

Há no método dialógico a magia de perguntar, ouvir e tornar a indagar, para desenvolver numa relação dialética a consciência do homem.

Existe um educador brasileiro que teve um pai espírita, e foi espiritualista, que demonstra uma profunda compreensão da importância do método dialógico na educação. Sua visão da importância do diálogo como método de educação e de desenvolvimento da consciência, valeram-lhe mais de vinte títulos de "doutor honoris causa" das melhores Universidades do mundo.

Diz ele que existem homens que são dominados pela consciência que apenas atinge seus problemas biológicos e vitais. Esse homem vem da natureza e está na natureza, mas não consegue ainda captar os problemas e questões que a realidade propõe a todo ser inteligente.

Nessa condição ele se volta para a magia porque não consegue perceber as relações de causalidade entre os fatos. Como as crianças estabelece relações entre fatos próximos ligados à emoção, mas não consegue estabelecer as verdadeiras causas e seus efeitos. Seus problemas e os de sua vida, sua saúde, seus amores, seu salário, devem ser resolvidos pelos espíritos, pelos santos, pelos orixás, aos quais promete muitas coisas numa relação mercantil.

A realidade é vista supersticiosamente. O homem com esse tipo de consciência não consegue ver sua missão no mundo.

No entanto, na medida em que age no mundo, o homem relacionando-se e dialogando com outros homens é capaz, por si mesmo, de despertar para outro tipo de consciência. Agora, não mais uma consciência tão somente mágica e supersticiosa, mas uma consciência com um nível histórico, onde ele se percebe capaz de transformar a realidade e resolver os problemas que antes entregava aos espíritos, a Deus, ou aos orixás.

No entanto, essa nova forma de consciência interpreta os problemas de modo simples e ingênuo. Ainda persistem as explicações fabulosas, que ele prefere àquelas realistas. Os argumentos para essas explicações são muito frágeis, persiste um forte cunho emocional nos raciocínios. É a consciência do homem massificado, que pode dialogar mais amplamente mas, sem suportar ainda a consciência crítica, pois emocionalmente precisa de certezas absolutas. Tende o homem então a fanatizar-se.

A consciência sem atingir a criticidade tende a fanatismos. Não consegue assim chegar à causalidade. O mítico e o mágico fazem perdurar a falta de lógica e a irracionalidade. Temeroso do mundo e da sua missão, prefere explicações e soluções fantasiosas. Quer prescrições e regras, teme a liberdade. Não consegue se conduzir.

É o homem que prefere acreditar que, no Terceiro Milênio, os espíritos maldosos serão impedidos de reencarnar automaticamente, a aceitar o esclarecimento contido na questão 1019 de "O Livro dos Espíritos", que afirma: "Mas os maus só a deixarão (refere-se à Terra), quando o homem tenha banido daqui o orgulho e o egoísmo."

São aqueles que adoram explicações fantasiosas e vêem a influência de santos, anjos e espíritos nas coisas mais naturais.

Acham "soluções simples" para questões complexas. Não percebem a organização sistêmica da natureza e raciocinam com ingenuidade comovente dizendo que o homem resolverá o esgotamento da Terra, com cidades cobertas com cúpulas de vidro e agricultura aquática ou aérea. A tecnologia resolverá todos os problemas ecológicos. Será, também, a reforma íntima de cada um somada a de outros que produzirá uma sociedade nova. Cada um, individualmente educando-se, a sociedade será transformada.

No entanto, a medida que amplia seu poder de compreensão e de diálogo as respostas que vai colhendo às questões que surgem ou que percebe, começa a adquirir o nível de consciência crítica. Essa consciência embasada em fatos, sem deformar a realidade, aprende, num esforço consciente da vontade e da inteligência, a interrogar, verificar, confrontar e provocar.

A passagem da consciência ingênua para a consciência crítica não é automática. Exige o estudo, o diálogo, a indagação. Para pensar criticamente, o homem necessita aprender a se sentir seguro sem precisar deformar a realidade.

Aprendendo a criticar e se sentir seguro não vai necessitar de certezas fanáticas.

Pelo fato de ser dialógica e de se aprofundar no estudo das causas, a consciência crítica faz constantes revisões nas suas "certezas" e por isso não é polêmica, nem passional. Essa consciência percebe que tem que se comprometer com a realidade para poder alterá-la. A consciência crítica é a que compreende e realiza um diálogo constante do homem com o homem, do homem com o mundo e do homem com o seu Criador.

É essa consciência que se atinge através de uma educação dialogal e ativa, voltada para a solidariedade, e que se aprofunda na interpretação dos problemas.

Como substitui as explicações mágicas por princípios causais, essa consciência sempre se dispõe a **testar os "achados"** e a revisar as conclusões. Sua argumentação será segura, evitando as deformações. Sua prática é o diálogo e não a polêmica, sempre aberta ao novo, sem recusar o velho, sempre testando a validade na prática e na realidade. A consciência crítica está sempre inclinada à indagar, argüir, impactar e provocar novas reflexões, outras soluções.

Com uma educação que desenvolva tal consciência o homem não pode deixar de se compromissar para "banir da Terra, o egoísmo e o orgulho".

Vimos como o diálogo, a indagação, produzem a abertura da consciência e sua criticidade. Não foi outro o resultado da coragem de Kardec ao dialogar com os Espíritos, ao invés de como outros místicos e estudiosos simplesmente passar ensinos prontos de mestres espirituais.

Seria por acaso que o Brasil, onde o Espiritismo se radicou, tenha um educador brasileiro conhecido e respeitado no mundo todo, que ressuscitou o método dialógico, fazendo-o básico de toda educação?

O educador brasileiro reconhecido em todo mundo, que desenvolveu o método dialógico como básico à educação é Paulo Freire.

Em educação, dialogar significa aprender a ouvir por parte de educador e do educando. Ouvir para partir do conhecimento e do interesse do educando. Ouvir para perceber o outro e aí sim, olhá-lo, senti-lo, tocá-lo, trabalhar com ele, movimentar-se com ele, equilibrar-se com ele. É como se através do tato expandido, passemos a sentir o nosso semelhante em seus limites, em suas necessidades, em suas grandezas e em sua pequenez.

Trabalhar em equipe, com nosso semelhante, significa saber prever, planejar, organizar, dividir tarefas, comandar a execução, avaliar o trabalho, verificar responsabilidades e resultados. Isso significa ensinar a decidir o que vai ser feito, o que vai ser cobrado de cada um, para que cada um entenda sua parte, se esforce e a execute. Significa deixar sem fazer a parte que não nos cabe para ensinar ao outro, com infinito amor, como a obra se ressente da sua falta de responsabilidade.

Temos um conceito muito errôneo do que significa amar. Amar segundo nos ensinam é nada exigir, tudo dar, fazer tudo pelo outro, tudo suportar, sem nada exigir, certos de que nosso exemplo e nosso amor sensibilizarão as criaturas. Se nós fizermos tudo pelo outro, além de o prejudicarmos por não lhe ter dado oportunidade de crescer fazendo e criando, estaremos nos prejudicando por estarmos sobrecarregando-nos com tarefas que podem e devem ser divididas.

Não foi assim que Jesus ensinou. Ele dividia as tarefas do grupo apostólico, corrigia, às vezes, com inusitada energia as intenções e as pretensões dos discípulos, mostrou-lhes em diversas vezes as dificuldades da vida que iriam enfrentar por amor à causa do Evangelho.

No processo evolutivo do princípio inteligente também passamos da consciência mágica, para a ingênua e desta, através do diálogo, do estudo ou de uma boa educação, para a consciência crítica. Isso só se faz na relação homem mundo e através do diálogo, do relacionamento e da troca entre os seres. A passagem da consciência mágica para a ingênua é automática, mas a passagem para a consciência crítica necessita do relacionamento dialogal, do estudo e da troca constante entre os homens.

Capítulo 4

Integração

Sou poeira de estrelas,
Trago em mim a planta do Universo!

A girar em meus circuitos mentais,
Há luz e sombra, luminosas galáxias e vértices vorazes.

Sou vegetal.
Sensibilidade em ritmo binário:
Pulso e cresço: raiz-vergôntea; fruto-flor.
Buscando mais vida,
Crescendo, subindo ao céu,
Descendo a terra, adentrando o chão.

Sou milhares de animais.
Em mim vivem
Suspensos beija-flores,
Ágeis tigres,
Fiéis cães,
Imensos elefantes,
Plácidos muares,
Emprestam-me os instintos
Sábios condutores,
Preservando a vida.

Sou séculos de luta,
Avivando a consciência:
A princípio chama, logo lúcido clarão.
Buscando iluminar o enigma da vida,
Sigo, movida pelo impulso
De todas as paixões.

Trago em mim, histórias milenares;
De sutilezas do pó, de canções de árvores ao vento,
De caçadas de famintos animais,
De tristes, desgraçados, felizes ou santificados dias
do humano ser,
Integrado à Vida,
Caminhando pelo Amor de Deus.

MAIS ALGUNS PRINCÍPIOS QUE FAZEM O ESPIRITISMO DIFERENTE DAS DEMAIS DOUTRINAS

> – *Visão integrada e dialética do Universo.*
> – *Uma nova percepção do instinto e das paixões.*
> – *Um novo sentido para a infância.*

4.1. VISÃO SISTÊMICA. "TUDO SE ENCADEIA..."

Essa visão em que tudo se encadeia, não é novidade no pensamento humano. As antigas filosofias orientais, alguns filósofos gregos assim já o percebiam. Modernamente por se embasar em estudos científicos em especial no campo da Biologia, da Física-Química, e da Ecologia, é chamada visão sistêmica.[1]

O que o Espiritismo traz de novo, além de adaptar essa

---
1 - Questão n.º 540 de "O Livro dos Espíritos" de Allan Kardec. Edição FEB. s.d.

visão ao século XIX, com aberturas ainda não atingidas pela Ciência, é o papel **perpetuamente ativo do princípio inteligente nessa dinâmica de evolução e de integração. Dinâmica dialética, pois toda a teoria exposta por Kardec, aceita os princípios dialéticos.**

O espírito seja apenas princípio inteligente, seja o espírito humano, já indivíduo, ser consciente e com vida moral, não é um elemento com um dinamismo passivo e mecânico como o princípio material. Ele é inteligente, em qualquer situação age com inteligência, inconsciente a princípio, como na criança, mas sempre revelando as características de um princípio organizador, estabelecendo padrões e atividades dentro desses padrões.

O que é característico do agir com inteligência nos níveis animal e vegetal, quando a inteligência ainda não é consciente?

É buscar soluções para a vida de modo original, é organizar-se de modo diferente, criando novas estruturas cada vez mais complexas e mais livres.

Se a busca da vida fosse apenas conseguir um grau de equilíbrio ótimo, uma adaptação excelente ao ambiente, na Terra só existiriam algumas espécies de algas que atingiram tão perfeita adaptação que não se modificam há muitíssimos milhões de anos. Essa inteligência que se manifesta, ainda que rudimentarmente, em todos os seres continuamente busca novas formas de expressão.

Essa busca, pela inteligência, conta no dizer dos espíritos, com a assistência divina através dos espíritos já perfeitos que agem como co-criadores. No entanto, eles assistem, não determinam, experimentam não estabelecem padrões rígidos.

Tudo isso compreendido na Doutrina, deve se refletir na educação:

Quem educa não estabelece padrões rígidos para que os outros se enquadrem e se condicionem.

Ao educar devemos dar muitas experiências relativas a um assunto, a um conceito, para que essa flexibilidade mental, própria da inteligência não seja impedida de se manifestar. A mesma variedade de experiências que enriquece a percepção, enriquecerá a mente do educando.

Crianças que aprendem a ver beleza em todos os seres, conviver e estimar todas as raças, cultivar e perceber a importância de todas as espécies vegetais inclusive as "pragas" e a trabalhar de modo integrado em tudo, certamente terão menos dificuldade em superar o narcisismo familiar e grupal. Elas terão defesas contra o egoísmo e o orgulho que impregnam nossa organização social e familiar. Nelas as mensagens emocionais dos ditados, dos mitos, dos contos, das expressões familiares, que formam as estruturas do egoísmo e do orgulho, serão mais difíceis de serem enraizadas.

Em educação devemos ter claro que todas as aquisições do espírito são importantes. Evoluir não é deixar para trás o que já dominamos. Magnetismo, sensibilidade e instinto, são aquisições que o espírito humano já domina, por ter estagiado milhões de anos como princípio inteligente ainda não indivíduo, nos reinos vegetal e animal. Não tem sentido dizer-se, em educação espírita que devemos superar o instinto animal ao qual estamos presos pela matéria. Essa visão dualista que herdamos das religiões cristãs, considera o princípio material inferior e fonte de maldade e o princípio espiritual mau depositário de tendências das quais necessitamos nos livrar.

4.2. UMA NOVA CONCEPÇÃO DOS INSTINTOS E DAS PAIXÕES

Nas questões 71 a 75, de "O Livro dos Espíritos", os espíritos deixam bem claro que o instinto é bom e nunca se engana. Em "A Gênese", Kardec faz algumas observações sobre o instinto, testa algumas teorias que ele mesmo conclui serem insuficientes para explicar a perfeição instintiva e encerra dizendo:

"O homem que não agisse senão pelo instinto, de modo constante, poderia ser bom, mas deixaria dormir sua inteligência; seria como o menino que não abandonasse as andadeiras e não saberia servir-se de seus membros." ("A Gênese," Cap. I, item 18)

Ora, sendo o instinto bom, as faculdades instintivas não devem ser aniquiladas no homem. A questão 75 de "O Livro dos Espíritos", diz que o instinto existe sempre, mas o homem o negligencia.

Sendo assim, uma educação espírita deveria aliar o instinto à inteligência e não educar para reprimir ou superar o instinto, como fazem as demais religiões, temerosas das forças instintivas.

É importante ressaltar que os Espíritos e Kardec com tais posições adiantam-se mais de um século nas teorias das escolas psicológicas. Considerando o instinto bom, o princípio das paixões natural e proveitoso, ultrapassam a visão de Freud e outros psicanalistas, para formar com escolas mais atuais que, a partir da psicologia humanista passam a ver o homem sob outro prisma.

Não há no homem instintos de morte, de destruição, em luta contra o instinto da vida, (Eros e Tanatos para Freud). A natureza original do ser humano é formada de impulsos harmoniosos e sábios. Toda maldade surge no uso da vontade e da liberdade ao redirecionar os instintos através da vida racional.

O desenvolvimento da razão, ensinam os espíritos, não deve diminuir o uso das faculdades instintivas. O homem é que as negligencia, perdendo assim a capacidade de utilizar os instintos que são, também, um guia seguro na direção do bem, do prazer e da felicidade.[2]

---

2 - A questão n.º 75 de "O Livro dos Espíritos" esclarece que as faculdades instintivas não diminuem com o crescimento das intelectuais. O instinto é desprezado pelo homem, mas se constitui em um guia que às vezes é mais seguro do que a razão. "O instinto também pode nos conduzir ao bem".

Explicam os espíritos que é a má educação, o orgulho e o egoísmo, que impedem o homem de utilizar bem seus instintos. É então que deixamos de governar nossas emoções e sentimentos prejudicando a nós e aos outros.

Foi Abraham Maslow, o primeiro psicólogo de linha humanista, que discordou de Freud, rejeitando a idéia de que somos dominados por instintos inferiores. Segundo Maslow, Freud estudou seres humanos neuróticos e psicóticos, observando o que há de pior no ser humano. Por tal motivo, sua visão se apresenta distorcida, enxergando apenas o lado doentio da psicologia humana.

A abordagem humanista da Psicologia afirma que sentimentos, desejos e esperanças, são importantes tanto quanto as influências exteriores que condicionam nosso comportamento. O homem deve ser estudado como um organismo integral, e o objetivo desse estudo deve ser o homem saudável, com aspectos positivos em seu comportamento como satisfação, divertimento, paz de espírito, júbilo, êxtase, e felicidade. Os impulsos que nos levam à auto-realização, às experiências incomuns, transcendentes, fazem parte do ser humano.

Uma visão semelhante foi defendida por Assagioli, um dos pioneiros da psicanálise na Itália, que desenvolveu uma teoria alternativa a que chamou psicossíntese. Carl Rogers, que desenvolveu uma terapia não diretiva "centrada no paciente", também considerava a pessoa capaz de crescer e de se auto-realizar, pelos potenciais internos que todo ser humano possui.

Outros psicólogos e psicanalistas criticaram Freud por ele não considerar a parte social na dinâmica psicológica. As relações interpessoais, a dinâmica social mais ampla, não estão contidas na estrutura da psicanálise freudiana. Esses psicanalistas que levam em conta a estrutura social, criaram terapias que levam em conta os fatores sociais e culturais no desenvolvimento das neuroses. Temos nessa linha, Harry

Stack Sullivan, Karen Horney e Erich Fromm.

Esses autores concordariam, se conhecessem a obra de Allan Kardec, com a afirmativa dos Espíritos de que o instinto em sua natureza, conduz ao bem, mas principalmente com a afirmativa de que tudo concorre para manter os desvios do instinto sadio. As leis, a organização social e a educação, todos fatores sociais entretem e desenvolvem o egoísmo e o orgulho. (Ver questão n.º 917 de "O Livro dos Espíritos".)

Na análise das falhas da razão, os espíritos, antecipando-se à linha social e cultural da Psicologia, colocam como causa dos desvios morais, a má educação, o egoísmo e o orgulho. Na questão 917, acima citada, o espírito de Fénelon diz que é o contato que o homem experimenta com o egoísmo dos outros que, geralmente, o torna egoísta. Vendo que os outros pensam mais em si mesmos e pouco nele, coloca-se na defensiva. Explicita o mesmo espírito que, quando o princípio da caridade e da fraternidade for a base das instituições sociais, o homem pensará menos em si mesmo e sofrerá a influência moralizadora do exemplo e do ambiente. Tendo em vista que tudo na sociedade incentiva o egoísmo, Fénelon reconhece que para ser desprendido é preciso uma virtude verdadeira porque, em geral, as outras pessoas não reconhecem esse virtuoso.

Já vimos que, quando fazemos tudo pelo outro, isso não o educa. Ao contrário, a pessoa que recebe tudo, aprende a sempre exigir que o outro doe e não imita o ato de desprendimento. O que nos tornará desprendidos e altruístas será a oportunidade de praticarmos atos virtuosos, sob orientação de alguém que nos ame e respeite.

Na verdade, quando Fénelon fala da influência da matéria, diz de modo alegórico o quanto o homem, por estar ainda próximo de sua origem animal, valoriza apenas o comer, o abrigo, o sexo, esquecendo-se de seu aspecto humano e dos valores do amor, da solidariedade, da arte, do pensamento, da criatividade. Não pode estar se referindo aos impulsos instintivos em si. Refere-se à limitação e, especialmente à deturpação desse instinto pelo egoísmo e pelo orgulho.

É preciso que entendamos como os espíritos definem, o egoísmo e o orgulho para que possamos deixar de vez a visão dualista antiga que afirma o princípio material como fonte do mal e o espiritual como sendo bom. Essa forma errônea de considerar a matéria como fonte de maus pendores é, como dissemos, muito antiga e se infiltra no Cristianismo, onde o próprio Paulo de Tarso, escreve, (teria escrito mesmo?) que "o espírito é forte, mas a carne é fraca".

Em "Obras Póstumas", Allan Kardec no estudo sobre egoísmo e orgulho,[3] diz que o egoísmo tem sua origem no orgulho. Exaltar a própria personalidade, considerando-se melhor e superior aos demais, dando-se uma importância que não se possui, é a característica do orgulhoso. O orgulhoso não se ama, pois não se aceita em sua realidade, imagina-se melhor e superior ao que é, por isso passa a defender a todo custo a imagem falsa que faz de si mesmo, agredindo tudo o que ameace essa exaltação do seu ego.

O egoísmo e o orgulho têm sua origem no instinto de conservação. É o exagero desse instinto que o torna mau e pernicioso. Dentro dos limites naturais esse instinto é bom. O homem que não se preserve, que não se defende, que não se ame, que não se cuide, não é digno da vida. Defender-se do perigo, buscar conservar-se é bom e importante.[4]

Quando exageramos essa defesa, essa preservação, queremos destruir os outros, pois não sabemos dividir, queremos tudo para nós. Isso ocorre pelo fato de sermos seres livres e podermos utilizar nossos instintos e paixões

---

3 - Kardec, Allan. Obras Póstumas. Egoísmo e Orgulho. Causas, efeitos e meios de destruí-los. Pág. 182. LAKE. Edição especial autorizada para o Núcleo Espírita Caminheiros do Bem. s.d.
4 - Balieiro, Adalgiza Campos. Um Bom Começo. Capítulo III - Egoísmo e Orgulho. Editora EME. 1997.

segundo nosso critério.

O egoísta e o orgulhoso, serão sempre os agentes corruptores de todas as instituições sociais, comprometendo as mais generosas. Enquanto eles dominarem o mundo, tudo de bom ruirá pela sua ação destruidora.

Essa visão dos instintos e das paixões, mostrando-os como essencialmente bons, mas desviados pela ação da vontade e da liberdade, coloca a visão psicológica do Espiritismo entre as mais avançadas.

As correntes mais recentes da Psicologia desenvolveram além das terapias verbais, terapias corporais e sistêmicas, envolvendo grupos e famílias tendendo ao trabalho integrado e sistêmico do qual vimos falando.

4.3. EDUCANDO PARA CONTATAR OS INSTINTOS E DESENVOLVER A INTUIÇÃO SUPERIOR

A visão espírita de que o instinto é bom e deve ser utilizado pelo homem de modo inteligente, leva-nos a perceber que deveriam existir nos lares, nas escolas, nos templos religiosos, momentos de contato com nosso núcleo instintivo trabalhando-o de forma inteligente. Assim, por exemplo, a curiosidade instintiva, o desejo de conhecer e explorar o mundo, o impulso ao brinquedo, à defesa, à fuga, à união com outro sexo, ao comportamento gregário são todos instintos naturais no homem e que podem ser colocados a serviço da educação, expressos sempre de forma natural, espontânea e construtiva. Reprimir e proibir as manifestações instintivas resulta sempre em conflito e desequilíbrio psíquico.

Nós reprimimos, com especial ênfase, todas as manifestações de fuga, de medo, e com mais agressividade, as manifestações de defesa ou de ataque. A parte do impulso sexual é reprimida, em geral, pela negação – fingimos que ela não existe ou que é inocente, pura sem desejos "materiais".

Aliar as faculdades instintivas à inteligência, ou seja à vontade e à liberdade, é coisa que não se faz em educação, nem na família, nem na escola e muito menos nas igrejas ou centros. Não é de se admirar, portanto, que as crianças, jovens e adultos fiquem confusas diante das reações instintivas que assomam em nosso íntimo, sem solicitar licença.

Que tipo de atividade pode nos colocar em sintonia com esse núcleo de sabedoria instintiva, de inteligência não racional?

Esse é um campo em que precisamos realizar pesquisas em educação, criando técnicas e testando-as na prática.

a) *Fazendo contato com a perfeição instintiva.*

Algumas sugestões podem ser feitas para se contatar esse núcleo.

Atividades de relaxamento, que busquem evitar pensar sobre coisas, mas deixem fluir o sentir, permitam perceber a vida. Atividades de trabalho junto à natureza, jardinagem, horticultura. Exercícios com atividades envolvendo respiração. Observação da natureza, sentindo-se parte dela. Cheirar, tocar, sentir, estar com árvores, animais, água, minerais tudo sem o objetivo de estudar, raciocinar sobre, conhecer tais coisas. Apenas integrar-se, retomando a relação animal com a natureza. Voltando a sentir-se una com ela, deixando a sabedoria instintiva fluir de si, uma vez que já é possuída e dominada no processo da evolução.

O contato com esse núcleo natural é extremamente agradável e comumente é confundido com experiências de integração mística. A experiência mística porém é diversa dessa reintegração à Natureza, e parece ser própria do amor superior de espíritos santificados. Não a discutiremos, portanto.

Falamos dessa experiência agradável e possível a

qualquer ser humano de retomar por alguns instantes sua integração natural e instintiva à Natureza. Essa retomada nos renova as energias, pois por alguns momentos sentimos a consciência sem conflitos dos seres animais, a harmonia perfeita do ser instintivo com o mundo. Isso nos permite sentir uma infinita alegria, uma deliciosa harmonia, que nos fortalece para as lutas humanas.

Esse contato com o núcleo instintivo é confundido, em muitos escritos modernos com o conhecimento intuitivo, com a integração com a divindade, com contatos com nosso "eu superior". Na verdade, não é um salto ao futuro, mas um retorno à harmonia do passado, perfeitamente possível uma vez que as faculdades instintivas não diminuem com o aparecimento das intelectuais. Elas se enfraquecem porque o homem as negligencia.

Há outras formas de estabelecer esse contato a merecer maiores estudos.

Os jogos tradicionais de pega-pega, cantos de roda, esconde-esconde, de alguma forma preparam e lembram atividades instintivas de fuga, defesa, ataque, agressão. Utilizá-las será tocar o núcleo natural do homem de forma produtiva e alegre.

O instinto de comer, por exemplo, quando respeitado nos impede de comer em demasia ou nos alimentarmos erroneamente. Observar o alimento com serenidade, sentindo o que nos é necessário, cheirar, provar, fazer um prato cuidando de variar as cores, fazendo-o belo, despertam essa sabedoria da natureza.

Cuidar de animais retoma a atividade pastoril e o contato com as plantas e a agricultura, as atividades entranhadas, em nosso inconsciente, pelas vivências passadas.

Os trabalhos ecológicos, os passeios em matas auxiliam-nos a retomar nossos instintos do conhecimento natural da espécie humana, do poder das plantas e das suas substâncias.

Provavelmente, as culturas simples como as dos índios e negros teriam muito a ensinar ao homem "civilizado" nessa retomada do núcleo instintivo em sua perfeição e pureza.

Há atividades, além dos trabalhos em equipe, que retomam o instinto gregário em toda a sua beleza. Andar em bandos explorando o mundo. Dividir entre si todo o resultado de uma coleta, de ovos, frutas, verduras. O próprio caminhar solidário, apenas conversando com o outro, sem outro objetivo senão o de andar e ver o mundo, tocam esse núcleo de prazer. Ver a beleza do mundo em conjunto, além de despertar nosso senso estético ensinará a dividir a beleza e a não querer tomá-la só para si. A Lei de Sociedade, de "O Livro dos Espíritos", pode começar a ser trabalhada assim.

O impulso de amor, proximidade e integração também pode ser tocado especialmente com danças, exercícios físicos de aproximação, bio-dança, trabalhos corporais diversos.

O impulso de ataque pode ser trabalhado de modo produtivo com lutas marciais, particularmente, as japonesas e chinesas, que são sempre acompanhadas de um excelente desenvolver das posturas centradas no plexo solar. Nós os ocidentais e, no Brasil, os do sul, pela influência européia, somos centrados na cabeça ou no plexo sexual. As lutas marciais ensinam posturas tão corretas, que podem corrigir defeitos de coluna de certa gravidade.

Estamos tão viciados na visão competitiva que se torna difícil para nós perceber que tais lutas não precisam ser disputas e torneios onde existam vencedores e perdedores. Elas devem ser ensinadas como exibição de agilidade, como defesa e como prazer. Os animais não brincam de lutar para treinar suas habilidades corporais, quando são filhotinhos? As exibições de capoeira, como uma arte, como uma dança, dão um exemplo prático de como se pode utilizar as lutas, de modo educativo.

b) *Iniciando o desenvolvimento da inteligência do futuro e do amor universal.*

A intuição é a forma de conhecer que ampliaremos no futuro. Em geral define-se intuição como a forma de conhecer imediata e completa ou de resolver problemas, num processo de iluminação súbita ou *"insight"*.

É importante não confundir esse tipo de conhecimento e essa forma de manifestação da inteligência com a sabedoria de nosso núcleo instintivo, que é mecânica e irracional. Tampouco quando falamos de conhecimento intuitivo, tratamos da comumente chamada intuição mediúnica, ou seja, orientações vagas mas insistentes e que são chamadas "intuições espirituais".

A intuição é uma forma de manifestação da inteligência, um tipo de pensamento. Ela está em germe em cada espírito como aquisição futura, a ser conseguida como parte do seu desenvolvimento. A intuição é uma forma instantânea de resolver problemas e conhecer as coisas, e só ocorre quando já dispomos de muitas informações e já estruturamos muitas formas de pensar um problema. É ela que dá ao cientista a solução de uma pesquisa, muito trabalhada, muito meditada. É ela que dá ao artista a inspiração para uma obra, que ele vem tentando há muitos e muitos anos. É ela que dá à cozinheira a solução para conseguir um novo sabor e estilo em comidas que ela vem preparando e conhecendo há dezenas de anos.

A forma intuitiva da manifestação da inteligência exige um excelente desenvolvimento da inteligência lógica e só se manifesta quando trabalhamos na teoria e na prática exaustivamente uma área do nosso conhecer.

Uma educação pode auxiliar o desabrochar da intuição na criança, quando procura desenvolver sua inteligência, utilizando a forma de percepção integrada e complementar de que falamos. Quando ensinamos essa criança a buscar o máximo de informações sobre um problema antes de tentar solucioná-lo, estaremos auxiliando o surgimento da intuição.

A intuição está em germe em nosso "eu superior", futuro, em nosso superconsciente na denominação de André Luiz. ("No mundo maior", Cap 11, pag. 166 - FEB - 7ª edição.)

Da mesma forma, buscar desenvolver no emocional, outras alegrias e sentimentos que não sejam apenas o prazer do instinto ou da evidência pessoal, o imediatismo da satisfação dos instintos. Sentir prazer, alegria e entusiasmo de realizar coisas que manifestem o ideal superior, exultar por estar engajado na causa da solidariedade humana, da compaixão para com a vida, do amor a Deus.

Com essa visão, estaremos contribuindo para que as faculdades criadoras, "herdadas de Deus, em jogo permanente nos quadros da vida," sejam manifestadas com responsabilidade, disciplina e espírito de renúncia.

4.4. UM NOVO SENTIDO PARA A INFÂNCIA

Segundo nos ensinam os espíritos, nas questões 220, 372, 380 a 382, de "O Livro dos Espíritos" a infância é um período de repouso para o espírito. Como a reencarnação apaga as idéias anteriores, subsistem apenas as tendências, a infância é o período ideal para cercar o espírito encarnado de bons estímulos. Assim, as tendências e sentimentos inatos, as intuições que ficam daquilo que o espírito dominava, serão desenvolvidos, se forem bons ou substituídos por novos hábitos e sentimentos, se forem maus.

Como o corpo limita certas áreas do espírito, por escolha dele, até para poder desenvolver outras faculdades, como informa a questão 220 do livro citado, é preciso que observemos as características próprias de cada corpo e de cada espírito para respeitarmos sua individualidade e aguardarmos o amadurecimento dos órgãos para a manifestação de certas formas de pensar e agir.

Embora saibamos que o espírito tem suas aquisições do passado, não podemos tratá-lo como se tivesse uma personalidade estruturada. Reencarna-se o espírito justamente para reestruturar o seu eu, de modo a progredir mais rápido, pela aquisição de outras habilidades, sentimentos e cultura. Por esse motivo temos que entender o desenvolvimento psicológico dos seres humanos, suas fases, para trabalhá-las adequadamente.

Para reeducar, desenvolver ou auxiliar o espírito a manifestar faculdades positivas já adquiridas temos que ter claro, que tipo de estruturas estamos montando para o seu sentimento e o seu pensamento. Estabelecida a estrutura ou o sistema, os caminhos cerebrais que trabalhamos serão os utilizados pelo espírito. Sua visão de mundo estará condicionada ao tipo de sentimentos, pensamentos e percepções com as quais o trabalhamos. É como se criássemos lentes para a visão do espírito, lentes mentais com as quais ele vai entender e explorar o mundo. Romper essa estrutura ou esse sistema que colocamos em seu espírito através da educação é algo sumamente complicado.

Romper as estruturas e sistemas de percepção e pensamento, não é impossível. Se assim fosse, jovens e adultos não poderiam mudar sua visão de mundo e formas de sentir. Reconhecemos, todavia, que reeducar um jovem ou adulto, implica em processo muito mais difícil do que educar uma criança.

Se falhamos muitas vezes em educar nossos filhos é porque, como já explicamos, usamos um discurso, falamos em um tipo de comportamento e de conduta, mas todo o ambiente do lar, da escola, da sociedade, exige a conduta oposta ao discurso. Como em educação funciona a prática e não o discurso, a experiência e o ambiente muito mais que o exemplo, acabamos falhando em nossa tarefa. Cobramos desprendimento, mas nosso exemplo e premiação é para o egoísmo. Falamos de igualdade, mas nos comportamos como superiores e melhores, admirando e aplaudindo os "nobres" e as elites.

Embora existam crianças-problema, espíritos que renascem com muito desequilíbrio, a grande maioria dos espíritos é extremamente sujeita ao processo educativo. Quem diz o oposto, ainda se apega ao mito do homem intrinsecamente mau, cultivado por milênios em nossas mentes, por espíritos desviados que não querem o nosso progresso.

Os caminhos para essa educação que estruture o ser de modo dinâmico, aberto, fraterno e solidário, são múltiplos. Deixamos aqui apenas algumas sugestões. O que importa, sobretudo, é nossa visão de homem e de Universo, sem a qual utilizaremos todos os recursos e técnicas de educar, de modo a contrariar a lei natural e manter o homem afastado de sua felicidade e seu destino superior.

Diversidade

Qual o caminho?
Quem sabe?
Cada um há de trilhar o seu.
Muitas veredas fazem chegar à fonte
Basta apenas não perder o Norte.

Enquanto o caminhar prossegue,
A luz da inteligência aos poucos
Far-se-á intuição!

Sentidos, sentimentos novos
Surgirão no caminhar.

Transcendendo, englobando,
diversificando, ampliando

A luz divina do amor em nós.

CAPÍTULO 5

Sete questões, muitas razões e algumas soluções

DO MISTÉRIO HUMANO

*Quem saberá dos mundos absurdos ou divinos
Latejantes nas profundezas do espírito?*

*A iluminação interior que sonda, invade ou assoma à
consciência,
Que força tem hoje em cada um?*

> *Como evitar
> A ronda sinistra,
> Do círculo vicioso,
> Destruidor da vida.
> Conservador, limitador.
> Repetindo, repetindo
> Para esgotar, limitar,
> Destruir?*

Como saber,
Dar passagem
À vida que estua,
Renovando cada ciclo.
Mudando, recriando ,
Na dança incessante da
Vida?

QUESTIONAMENTOS E RESPOSTAS: TENTANDO SOLUÇÕES.

1- Na apresentação dos novos princípios que o Espiritismo veio revelar, você fala de educar emoções, (item 2,5). Não é absurdo para uma doutrina que ensina ser nossa fé raciocinada, dizer que precisamos educar o emocional? Seria mais coerente educar o raciocínio e, ensinando a raciocinar, estaríamos educando nossas emoções. Quem compreende o caminho correto, o segue.

Allan Kardec diz no comentário à questão 916 de "O Livro dos Espíritos" que a arte de educar os caracteres, ou seja a educação moral do homem, ainda não estava desenvolvida em seu tempo, nem era conhecida. Enquanto muito se sabia sobre a educação da inteligência, nada se sabia sobre a educação moral.

Tenta, então, o professor Rivail, dar algumas diretrizes para a pesquisa da arte de educar o caráter.

Em primeiro lugar, essa arte não se aprende nos livros, pois a base da moralidade são os hábitos de ordem e de previdência e o sentimento de respeito pelo que é respeitável.

Portanto a educação moral envolve hábitos de prever (previdência), hábitos de ordenar (ordem) e **sentimentos de respeito. Ora, sentir adequadamente, pressupõe educar emoções.**

1a- Ainda insisto: Como educar as emoções? A compreensão do correto não educa nossa emoção?

No longo processo da evolução humana, as emoções surgem antes da razão. Não pensamos: vou sentir medo ou ódio. Não nos preparamos, e só depois de nos permitir, sentimos amor ao ver nosso irmão ou uma criança. Nem mesmo podemos interferir para rir ou chorar diante de um filme.

As três emoções básicas: medo, cólera ou ira e amor são a base de todos os sentimentos. Inclusive do sentimento de respeito pelo que é respeitável que segundo Kardec, é básico para nossa educação moral.

Há apenas algumas dezenas de anos, começaram os estudiosos a pesquisar sobre como educar nossas emoções de modo produtivo para todos.

É evidente para qualquer pessoa que, se não educamos a emoção de uma criança, ela matará a outra em uma crise de raiva, na disputa de um brinquedo da mesma forma que não respeitará outra que recuse seu amor na adolescência. Ou ainda, se for uma criança predominantemente medrosa, anular-se-á diante de qualquer ameaça e não saberá ser ela mesma, apenas obedecendo à ordem do mais forte. Limitar a expressão de nossas emoções, usar adequadamente a emoção, envolve vivências, práticas e aprendizados que não se passam através de livros.

Você insiste em perguntar se o conhecimento correto não nos leva a agir corretamente.

Se você conhece cardiologistas obesos ou fumantes, pessoas que sabem o mal que a droga lhes faz e não conseguem se livrar do vício; mulheres que estão sempre namorando o mesmo tipo de homem desequilibrado, já sabe a resposta.

Compreender uma verdade, não nos leva, necessariamente, a praticar atos inspirados nela.

2- Você insiste em que, esclarecer o raciocínio, não educa a emoção. Como são educadas nossas emoções?

O processo da educação emocional e moral, como tudo, exceto a compreensão de teorias, é aprendido na prática, vivenciando o que nosso ambiente nos leva a viver e imitando os adultos e os modelos sociais.

Só se aprende a fazer, fazendo, só se aprende a sentir emoções, vivenciando-as, em experiências que nos permitem algum tipo de ganho ou prazer. Claro que falamos de ganhos sociais, afetivos e não de ganhos em dinheiro.

Só podemos ser amorosos, se todos os dias, vivenciamos atos de amor. Só conseguiremos dominar e usar adequadamente o medo e a raiva, se todos os dias, pudermos fazer atividades em que utilizemos bem o medo e a raiva.

Na aquisição de nossos sentimentos, foi essa prática diária que nos moldou. Tal prática envolve o que os outros exemplificam e o que exigem que façamos, principalmente pela persuasão, pela exploração de nossa afetividade (faça isso por amor da mamãe) pela sedução (olhe, você merece um beijo, por ser tão bonzinho) através do apelo à nossa vaidade ou narcisismo (vamos aplaudir, você é maravilhoso, sensacional, você é meu ídolo).

Nessa aprendizagem, podemos adquirir emoções saudáveis ou doentias que nos levarão à felicidade interior ou ao desequilíbrio.

Veja, se nossa mãe ou nosso pai nos ensinam a respeitar as pessoas de outras raças e credos, tendo amigos de raças diversas, convivendo com alegria e respeito com pessoas de outras crenças, é possível que, naturalmente, aprendamos, na prática diária, o mesmo respeito às diversidades raciais e culturais que ela vivencia. Mas, se ela disser que não tem preconceito, porém, sempre que se referir a negros, adotar uma postura de superioridade, um ar de proteção para com o inferior, estará negando, na prática, o seu discurso.

Se ela tem costume de usar "ditados populares" como: "quem nasce para um centavo, não chega a dois reais", estará nos ensinando através de mensagens transmitidas, de forma velada e inconsciente, que existem os superiores e os inferiores e que nós fazemos parte dos superiores bonzinhos que tratamos os "inferiores" com bondade. Acrescente a isso o fato de que ela só leu para os filhos contos europeus, com desenhos de belas pessoas louras, princesas ricas e delicadas e entenderá como nossa mãe nos educou para sentir, e ter posições cheias de orgulho, egoísmo, vaidade e racismo disfarçado de caridade e bondade.

Quando uma escola ensina jogos competitivos para aprender a tabuada, a gramática, ou qualquer outra coisa, acaba ensinando cada criança a tratar a outra como rival. Jogos podem ser competitivos, quando necessário, mas é preciso também utilizar jogos cooperativos, predominantemente.

Conhecemos uma criança que, educada com "jogos educativos"(?), aos cinco anos, perguntava ao pai na saída da classe:

— Papi, não dá para a gente matar o Luiz Cláudio?

— E por que você quer matar o coleguinha?

— É porque ele sempre consegue ganhar o primeiro lugar nos jogos de matemática e eu fico sempre em segundo lugar. Se ele morrer, eu serei a primeira...

Assim se formam nossas emoções.

Uma vez estabelecidas essas emoções, alterá-las, educá-las de forma positiva, exige muito mais do que mostrar intelectualmente o seu absurdo.

Qual a professora, cuja prática inclui muitos jogos competitivos para ensinar, admitiria o seu erro e mudaria seus hábitos?

Diante do argumento de que competir ensina-nos a tratar o outro como rival e rival deve ser eliminado, senão pela morte, pelo menos do grupo e da atividade, ela sorriria e nos acharia tolos.

Ensinam, na maioria das Faculdades de Educação, que é bom competir, que traz vantagens para o eu, que educa a agressividade e impede muitos crimes. Colocações discutíveis, não aceitas por muitos psicólogos sociais. Argumentos e pesquisas que mostram o absurdo de tais crenças são totalmente ignorados.

Pesquisas científicas que contrariam os pressupostos do sistema neo-liberal, sua política educacional não recebem incentivos, nem são financiados.

Educar pessoas para cooperar não interessa ao sistema econômico. Ninguém cria ou utiliza jogos cooperativos que são muito mais educativos.

3- Você insiste no fato de que nossas emoções respondem a simbolismos, pois a mente emocional ou mente límbica aceita e reage a símbolos: contos, mitos, propagandas, provérbios (os ditados populares ou familiares) e fábulas e, especialmente, a linguagem da arte. Nenhum raciocínio pode nos auxiliar a mudar nosso emocional, ainda que formado por tais simbolismos?

Eu não disse que não ajudam a mudar, disse que são de pouca valia os sermões, os conselhos, os raciocínios diversos. No entanto, se os raciocínios forem complementados, com vivências, atividades e trabalhos; com contos, mitos, propaganda e provérbios; serão muito valiosos. Os raciocínios nos auxiliam a clarear o nosso pensar e raciocinar de forma coerente com as novas formas de sentir que procuramos trabalhar em nós. No entanto, sem novas vivências, sem atividades ligadas a outros simbolismos, sem novos contos, fábulas com mensagens diversas daquelas que nos formaram, continuaremos a pensar de um modo e sentir de outro. A arte, trazendo outras mensagens com ideologias diferentes das que nos formaram para o egoísmo e o orgulho, será também um excelente aliado para nossa mudança emocional.

A coerência entre o sentir e o pensar auxilia nosso equilíbrio mental.

Nossa sociedade, porém, ensina uma coisa nas igrejas e na ética, estimula outra através da propaganda, dos mitos, de muitas histórias religiosas e estabelece hábitos corporais, movimentos, posturas, tipos de dança e ritmos que nos empurram para outras formas de agir, sentir e pensar. Com isso, ficamos confusos, quase enlouquecidos.

Nossa inteligência nos mostra um caminho, sentimos de forma oposta ao que a inteligência nos mostra como bom; nosso corpo, forma de andar e vestir, agradar, cantar e dançar nos encaminha para outros tipos de sentimentos e ações. Imagine a confusão na consciência, no espírito. É de admirar que não estejamos mais desequilibrados do que já somos.

4- Que coisa mais estranha... Como é que, educando o corpo, podemos ensinar alguém a pensar e a sentir? O corpo pensa?

*Claro que o corpo não pensa. No entanto, ele é a forma, um instrumento **vivo** pelo qual o espírito se manifesta. Sem corpo, não temos identidade. Por isso, os espíritos ensinam que o corpo (como forma individualizada), existe mesmo nos espíritos puros. Os espíritos puros nunca perdem o seu perispírito, embora o possuam extremamente rarefeito, ou transformado em pura luz (não esqueçamos de que luz é matéria). O perispírito, (corpo espiritual) é, assim, parte integrante do Espírito e jamais desaparece, como querem os que têm uma visão orientalista do espírito.*

Se temos corpo espiritual e precisamos do corpo material para evoluir mais depressa é natural que esse organismo, esse instrumento vivo, tenha muita influência sobre o espírito. Isso está claramente expresso em "O Livro dos Espíritos" nas questões sobre a influência do organismo. A ação do espírito sobre o corpo não é ignorada, no entanto, a influência do organismo sobre o espírito é até negada, com desespero, pelos que ainda se recusam a admitir a beleza da encarnação e a importância do corpo para a evolução do espírito.

Com movimentos corporais podemos desenvolver a consciência do "eu". Através de movimentos corporais e de exercícios diversos, desenvolvemos a noção de contrastes, nuanças, de estruturas, de ritmos, essenciais para o raciocínio lógico-matemático, musical e artístico.

Há exercícios de linhas terapêutico-psicológicas que nos facilitam o acesso a emoções inconscientes, ao controle de nossos impulsos, de nossas paixões.

Exercícios diversos de meditação, através do movimento, nos auxiliam a equilibrar a saúde física e desenvolver a atenção e o controle do pensamento. É simples perceber que quem domina sua atenção aprende mais em qualquer campo, desde atividades físicas e manuais, até teorias abstratas. Dominar a atenção, através de movimentos corporais, auxilia, e muito, o desenvolver da inteligência. O instrumento do corpo **tem muito a nos oferecer, se for bem utilizado para nosso desenvolvimento espiritual. Sua importância ainda está sendo descoberta em nossos dias.**

5- Então a educação em nossas escolas, limitando-se a ensinar conceitos, teorias, exercícios, não nos educa realmente?

Digamos que ela nos ensina a responder, como autômatos, a questões e a exercícios a que estamos acostumados.

Uma educação verdadeira trabalharia, durante o período escolar, atividades predominantemente relacionadas ao raciocínio e à inteligência, durante um tempo, depois os mesmos conceitos, no sentido emocional, voltados a educar o caráter e controlar as emoções. Em um outro período o nosso corpo deveria ser trabalhado, não com jogos e esportes, (que poderiam ser praticados em outro horário ou local como academias e clubes, utilizados pela escola) mas, sim, com esse outro tipo de atividades que utilizam movimentos para desenvolver atenção, raciocínio, equilíbrio emocional e beleza corporal.

Se quisermos um trabalho educacional coerente, deveríamos ter um outro tempo para que as crianças trabalhassem os mesmos conceitos que estão aprendendo na área intelectual, que estão vivenciando através de atividades que trabalham emoção e corpo, também em atividades grupais, para desenvolver a solidariedade, a cooperação e a convivência. Os espíritos nos ensinam que a pedra de toque da educação moral é a solidariedade. Se o ser humano não for solidário, se não tiver um sentimento de integração com o outro, de compaixão para com tudo o que é vivo, não é um ser realmente moralizado ainda, é um ser humano incompleto e doente. Portanto, atividades grupais, trabalho solidário, trabalho em grupo, aprendizado da convivência têm que ter lugar na escola, ao lado de atividades individuais que respeitem o ser único que cada um de nós é.

6- No planejamento de atividades diárias de uma Escola, de aulas para crianças, de atividades das Casas Espíritas, deveria existir essa preocupação?

Sem isso, não estaremos realmente educando o homem como um todo.

Observe o diagrama desenhado na folha seguinte. Ele traz os quatro itens de que falamos e um outro invisível numa planta baixa, que é o lançamento dessas bases para o alto, formando uma pirâmide de base octogonal, (com oito lados). Esse é o aspecto transcendental ou religioso, que nos liga ao nosso destino espiritual, que nos remete à direção de nossa evolução, para sermos co-criadores de Deus, no Plano existencial. Cada item tem uma cor. As cores básicas estão nas áreas do pensar (amarelo), sentir (azul) e agir (vermelho). No solidarizar-se, usamos o verde. Cada dois lados da pirâmide que nos liga a Deus e ao espiritual está construído por um desses aspectos.

Sem pensar, sem sentir coerente com o pensar e sem agir utilizando o corpo, com movimentos adequados aos conceitos e sentimentos, estaremos divididos, incapazes de transcender o elementar e de nos lançarmos ao mais alto, ainda que conservando sempre as bases no chão de nosso existir.

Se o período escolar trabalha apenas a inteligência, cansa, atrofia e limita a criança, o adolescente e o adulto.

O diagrama auxilia a pensar e a planejar de modo integrado, sistêmico, sem privilegiar o pensamento, o sentimento, a ação do corpo ou o trabalho solidário.

As aulas na Casa Espírita deveriam trabalhar arte, movimentos, usar trabalhos de grupo, no entanto, repetindo antigos erros, continuamos a fazer sermões e a utilizar mitos antigos e mentirosos. Com a repetição de esquemas das religiões

Planejamento

Diagrama de: Maria Eny Rossetini Paiva
Sugestão para esquematizar um projeto, segundo visão sistêmica
Nome do Projeto:

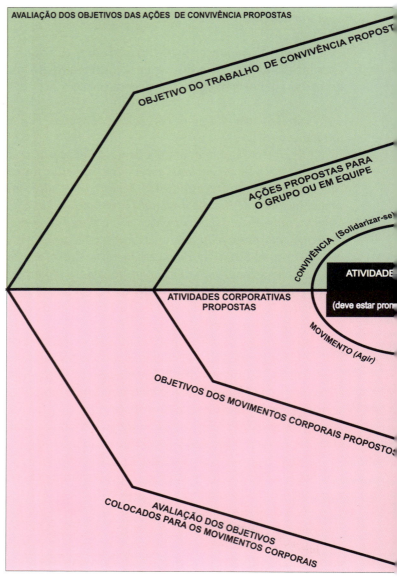

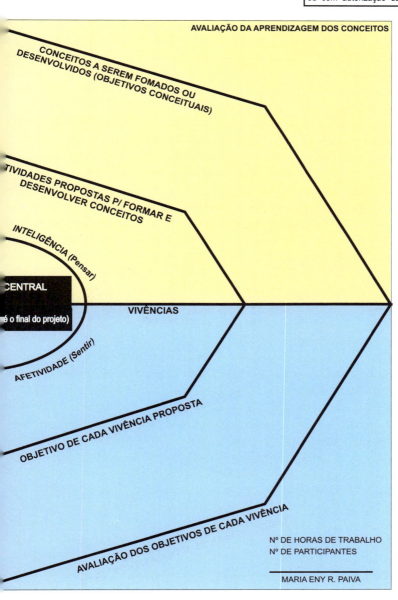

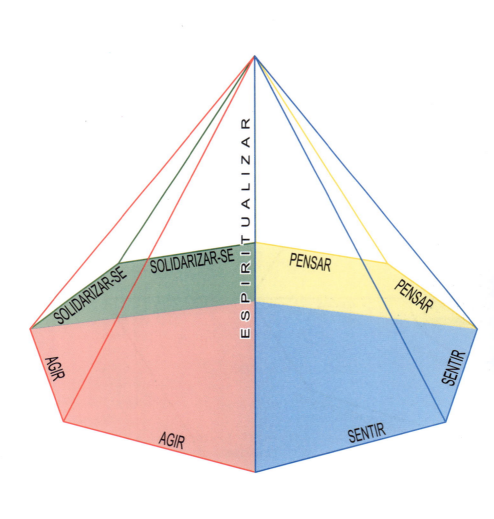

e filosofias espiritualistas do passado, poderemos transformar o Espiritismo em uma religião de alienação, em instrumento de dominação, Estaremos passando a ensinar como a maioria das religiões a auto-anulação e a autonegação, como virtudes equilibrantes, a fé acima da razão e a ausência de ação social, como condição de harmonia espiritual. Como podemos ser solidários, se achamos que nada somos, que não podemos nos amar, que devemos não sentir, não agir, para podermos ser serenos. Sem luta, para melhorar a nós e a nossa sociedade, no sentido de estabelecer a lei da justiça, sem enfrentamento do mal, do egoísmo e do orgulho em nós e nos outros, como amar ao próximo, como a si mesmo?

Há atividades que são específicas de cada área. Atividades que ensinam a pensar não são do mesmo tipo das que auxiliam a educar o sentimento. Ao educar o corpo com movimentos específicos que auxiliam a sentir e a pensar adequadamente, não poderemos usar atividades próprias para lidar diretamente com a emoção ou que desenvolvem e formam conceitos.

Observe, no trabalho abaixo, que tipo de atividades podem ser usadas, em cada área para planejar, qualquer projeto educacional.

1 - Tipos de atividades que trabalham o nível emocional (SENTIR)
São atividades que trabalham o sentir:
a- histórias, mitos, provérbios, metáforas;
b- arte, (pintura, escultura, música , poesia, dança, teatro, cinema, vídeo);
c- vivências de diversos tipos, em grupo ou individuais.

2 - *Tipos de atividades que ordenam e organizam o pensamento* (PENSAR)
São atividades que trabalham o pensamento:
a- leitura, resumos, esquemas, redações coletivas ou individuais;
b- sumários, conclusões redigidas, ilustrações, desenhos organizados em seqüência lógica, memorização das seqüências e

itens essenciais.

c- organização, seleção, classificação, seriação e outras atividades que envolvem raciocínio lógico e matemático.

3 - Tipos de atividades que trabalham o movimento (AGIR)

Além das atividades relacionadas à ação central e principal de projetos, (trabalho proposto como principal), devemos selecionar jogos e movimentos que auxiliem a quebrar estruturas do sentir e do pensar que desejamos alterar, ou que possam formar novas estruturas flexíveis, libertadoras e solidárias do sentir e do pensar. Um pensamento e um sentimento livres só se manifestam em corpos livres, flexíveis, graciosos. Rigidez do pensar e sentir refletem-se em corpos duros, rijos, inflexíveis mas corpos contidos, duros e sem flexibilidade facilitam o fanatismo, o sentimento duro e a incapacidade de mudar.

São movimentos que podem ser utilizados para isso:

a- jogos cooperativos ou competitivos que movimentam o corpo;

b- atividades psicomotoras (Psicomotricidade);

c- dança livre ou seguindo coreografia específica, dança coral;

d- movimentos para concentrar e relaxar;

e- exercícios de expressão corporal, exercícios envolvendo respiração e outros.

3 - Tipos de atividades que permitem a vivência dos objetivos de fraternidade e solidariedade na convivência social. (SOLIDARIZAR-SE)

São tipos de atividades que trabalham o social:

a- trabalhos em grupo;

b- criação em grupo (poesia, painel, redação, desenho, dança em grupo);

c - levantamento em grupo, de padrões de conduta e sanções estabelecidos pelo grupo;

d- levantamento em grupo dos objetivos de cada trabalho e formas de avaliar o que foi feito diante do proposto.

No entanto, o mais importante é entender a diferença entre o Espiritismo e outras filosofias. Assim, não utilizaremos o instrumento da educação integrada e sistêmica, para deformar, impedir a liberdade de pensamento, limitar o corpo, auto-anular a pessoa e criar seres dominados e não libertos. Integrar as áreas do sentir, do pensar, do agir e do conviver é utilizado de várias formas em nossa sociedade para levar o ser humano à rigidez moral, ao fanatismo, à destrutividade. Trabalhar integrando essas áreas é utilizado diariamente em nossa sociedade, para desequilibrar e manter o egoísmo e o orgulho nos homens e instituições sociais. Quem faz isso? Os políticos, ditadores, religiosos desequilibrados e diferentes grupos sociais: da família a clubes recreativos; das associações esportivas a grêmios estudantis.

" ... o egoísmo, verme roedor, continua a ser a chaga social. Cumpre, pois, combatê-lo, como se combate uma enfermidade epidêmica. Para isso, deve-se proceder como procedem os médicos: ir à origem do mal. Procurem-se em todas as partes do organismo social, da família aos povos, da choupana ao palácio, todas as causas, todas as influências, que ostensiva ou ocultamente, excitam, alimentam e desenvolvem o sentimento do egoísmo." Allan Kardec, comentário à questão 917, de "O Livro dos Espíritos".

"Poderá ser longa a cura, porque numerosas são as causas, mas não é impossível. Contudo, ela só se obterá se o mal for atacado em sua raiz, isto é, pela educação, não por essa educação que tende a fazer homens instruídos, mas pela que tende a fazer homens de bem. A educação convenientemente entendida, constitui a chave do progresso moral".

Nossa proposta é, assim, tentar organizar uma

educação libertadora em que a pessoa aprenda a raciocinar e a sentir por si mesma, sem depender de autoridades, guias espirituais ou líderes carismáticos, mas desenvolvendo o próprio raciocínio crítico e o sentimento de integração com a natureza e com o outro.

Trabalhar integrando o pensar, o sentir, o agir e o solidarizar-se, com os objetivos estabelecidos por Kardec, entendendo a nova metodologia de educar, estabelecendo hábitos morais de altruísmo e de auto-estima, formará uma geração nova, que impulsionará o progresso da sociedade e do planeta.

"Então, o forte será o amparo e não o opressor do fraco e não mais serão vistos homens a quem falte o indispensável, porque todos praticarão <u>a lei da justiça</u>. Esse o reinado do bem, que os Espíritos estão incumbidos de preparar." (Resposta a questão 916, de "O Livro dos Espíritos", com sublinhado nosso)

Notas

1- O texto foi elaborado com a intenção de mostrar que quando há interesse e coincidência de propósitos entre determinados segmentos da população e os poderes públicos, fica fácil conseguir resultados educacionais a curto prazo. Evidencia-se que o processo de educação há que ser contínuo pois, sem a estimulação adequada, os comportamentos obtidos não se transformam em hábitos. No entanto, existem muitas pessoas que copiam as atitudes tradicionalistas, considerando o povo primitivo, incapaz de se controlar, utilizando para isso vários preconceitos sociais e religiosos.

Entre os espíritas, há os que desafiam os educadores a educar "espíritos inferiores", a ensinar abstração a espíritos ainda apegados "à matéria". Existem mesmo os que incentivam o descaso e a indiferença sob a alegação de que a maioria é constituída de espíritos primitivos e que se contentam apenas com o pão e o circo.

Poucos admitem como Allan Kardec, que precisamos pesquisar muito no campo da educação, especialmente da Educação Moral. Pretende-se alterar hábitos, mantidos através de estruturas milenares, sem alterar essas estruturas. Procura-se ensinar sem mudar metodologias e sobretudo sem alterar o ambiente em que convivemos. Nosso trabalho, visa abrir novas perspectivas à prática educacional. Tentar novas práticas, em sistemas alterados.

2- Essa história simbólica, reflete ao mesmo tempo nossos preconceitos milenares e nossa incapacidade de modificá-los, sem alterar as idéias que o sustentam.

Tentamos ao mesmo tempo, trabalhar alguns preconceitos como o que temos contra os portugueses, colocando na boca do personagem Silvino, os conceitos mais sábios e serenos. Mostramos que as pessoas bem intencionadas, que realmente querem ouvir e estudar aprendendo umas com as outras, podem mudar suas idéias em qualquer idade, como mostra a postura de Inocêncio.

Tentamos sinalizar que mesmo a infeliz Matilde totalmente estruturada no pensamento católico medieval, como grande parte de nosso povo, é capaz de superá-lo quando estuda com afinco um assunto. Assim é que ela dá opiniões muito acertadas com relação à Segunda Guerra Mundial. Por ter estudado realmente o assunto, consegue enxergar em "O Livro dos Espíritos", questões que passam despercebidas à maioria das pessoas. Cristiane é moderna e não consegue aceitar opiniões antiquadas e irracionais. Resende impermeável, pois suas emoções não permitem que supere seus preconceitos. Assim, Resende trata os assuntos do espírito com a mesma postura intolerante e de pseudo santidade que nos acompanha milenarmente.

Essa história tem seu segredo, pois foi escrita, para trabalhar emocionalmente nossos preconceitos. Por tal motivo, é interessante que seja relida no final do livro, para que o leitor verifique se consegue depois de terminar a leitura, enxergar os personagens sob outra ótica. A compreensão mais profunda dessa história, exige a leitura atenta do item 1 dos Subsídios Teóricos que complementam o texto.

Subsídios teóricos

1. UMA DAS ORIGENS DO HORROR À MATÉRIA NA HISTÓRIA DO CRISTIANISMO

Como o Cristianismo tinha por objetivo converter o mundo inteiro, à medida que se expandia, ia incorporando as concepções filosóficas da época, até formar uma Filosofia Cristã, através do trabalho dos cristãos mais intelectualizados.

Foi a influência de Paulo de Tarso, a de João, posteriormente a de Ambrósio, Santo Eusébio e Santo Agostinho que gradualmente fizeram incorporar à mensagem de Jesus os conceitos do gnosticismo, do neoplatonismo e do estoicismo.

Sem conhecer tais conceitos, fica difícil entender certas idéias que caracterizaram o cristianismo e que são ainda hoje muito vivas na prática espírita, ainda que não existam na Doutrina dos Espíritos. Por estarem muito arraigadas na mente das pessoas e na cultura ocidental, têm tais idéias forte conteúdo emocional e por isso não são facilmente abandonadas.

GNOSTICISMO: O gnosticismo é um sistema filosófico

cujos partidários pretendiam ter um conhecimento sublime da natureza e dos atributos de Deus. No sentido ocultista, era uma filosofia suprema cujos segredos os magos guardavam só para os iniciados.

Historicamente, os gnósticos eram adeptos da filosofia de Platão, que entendiam de modo particular. Eram, em geral, pessoas cultas que queriam encontrar uma forma de conciliar os ensinos platônicos, os ensino esotéricos do Oriente e as fórmulas cristãs. Foram muito combatidos pela Igreja Católica durante muitos séculos.

O Gnosticismo era muito anterior ao Cristianismo, de modo que os gnósticos procuraram enquadrar o Cristianismo em suas Doutrinas, mas jamais se tornaram cristãos. Considerando-se como uma ciência transcendental, procurou penetrar o Cristianismo, preservando, porém, suas Doutrinas. Buscava no Evangelho pontos comuns, mas não queria tornar-se cristão.

Na época do Cristianismo, eram mais de setenta seitas, ligadas, em geral, a cinco grupos:

– o grupo palestino, chefiado por Simão, o Mago, que utilizava a Bíblia e partes do politeísmo;

– o grupo assírio, ligado a Zoroastro;

– o grupo egípcio, em que encontramos Basilides e Valentim, famosos gnósticos;

– o grupo esporádico, espalhado em vários locais que tinha maiores ligações com o neo-platonismo e era eclético;

– o grupo asiático, do qual participavam os adeptos de Marcion, que jogavam mais do que os outros com os textos evangélicos.

Os gnósticos tinham uma doutrina dualista que procurava explicar a origem do mal pela existência de dois princípios: o Bem ou a luz imaterial e o Mal ou a treva material.

O mundo saiu de Deus, de quem nada se pode afirmar.

No início, todos os espíritos eram puros, sem mistura. No entanto, a essa criação, sucedeu-se a encarnação, que foi uma queda e, segundo alguns, iniciou-se por corpos de mulheres.

O mundo natural ou sensível é o resultado da vitória do Mal sobre o Bem e a salvação consiste em nos libertarmos da matéria (do corpo). A matéria é o princípio do mal, todo corpo é mau, toda carne é abominável. Daí a condenação da vida de procriação, que é sempre inferior à de castidade e a colocação do casamento, como inferior ao celibato. A propriedade de coisas materiais também é condenada.

No interessante livro de Hermínio C. Miranda, "O Evangelho Gnóstico de Tomé", Publicações Lachâtre Editora Ltda, 1995, encontramos outras referências aos gnósticos capazes de nos esclarecer sobre sua influência até mesmo nos textos evangélicos, que, como se sabe, sofreram toda sorte de interpolações e deturpações.

O que nos interessa, porém, é que devemos especialmente a eles **não só o horror à matéria, como o desprezo à mulher.**

Explica-nos Hermínio C. Miranda, na referida obra, que, como queriam libertar-se da matéria, era preciso "desconfiar da mulher, sempre pronta a gerar novos corpos materiais, e, por extensão, acautelar-se quanto à prática sexual que resultava no aprisionamento de outros espíritos na carne. Melhor era manter-se no celibato, e a mulher virgem. Casar era melhor do que abrasar, mas não na opção ideal. O casamento era como que teoricamente permitido, mas não estimulado; a prática do sexo extraconjugal impensável, suscetível de punição rigorosa, especialmente para a mulher, numa sociedade organizada pelos homens e para os homens." (Capítulo XI, da obra citada.)

Esclarece-nos ainda que os seres humanos eram divididos em três tipos: os hílicos ou carnais, em quem predominavam os instintos animais; os psíquicos que ensaiavam os passos para a libertação da matéria e já possuíam aspirações e intuições espirituais; e, por fim, os pneumáticos ou espirituais, que sentiam "saudade" de Deus, esforçavam-se para a libertação dos laços que ainda os prendiam à matéria e às sensações que ela propiciava. Para esses, a matéria era a adversária contra a qual deveriam estar sempre alerta, para que não os enredasse novamente em suas malhas retardando a reunificação com o Todo. Aos seres ditos carnais, aplicava-se o rótulo de "filho da mulher," ao passo que o título de "filho do Homem" era reservado aos seres pneumáticos ou espirituais. Os carnais são considerados "mortos" como que sepultados na matéria, adormecidos e isolados e os espirituais vivos, despertos e conscientes.

Prossegue o autor: "Seja como for, a prática do sexo, no entender dos gnósticos, retardava a marcha do espírito no seu retorno a Deus, de vez que contribuía para manter a polarização, a dualidade, e, portanto, a separação, quando o ideal era que a criatura conseguisse restabelecer seu equilíbrio de origem."

A influência do gnosticismo no Cristianismo foi muito grande. Principalmente na idéia de que o mal existe realmente e é o demônio, e que a matéria é o centro onde o demônio age, sobre o mundo e sobre o homem.

Acreditamos, porém, que a influência dos gnósticos é muito maior do que se admite em geral. O próprio Hermínio C. Miranda abre o Capítulo XI de seu livro com o seguinte parágrafo:

"A rejeição pela matéria, sempre considerada penitenciária do espírito é aspecto que não deve ser esquecido na avaliação da doutrina gnóstica, em vista da obsessiva influência nela exercida. É preciso admitir que eles tinham alguma razão no santo horror à matéria, tão **criativa na invenção de artimanhas e mordomias,** a fim de que o espírito gostasse da prisão e se deixasse esquecer nela por um tempo dilatado, que somente em milênios e milênios poderia ser medido." (Negritamos.)

Não parece mesmo um gnóstico falando? Como a matéria pode criar artimanhas e mordomias? Mesmo em sentido figurado, a figura literária demonstra a crença inconsciente que existe mais ou menos arraigada em todos nós, de que a matéria é fraca e nos inclina ao mal.

Em nossa opinião essa idéia de que os impulsos materiais são maus, e de que possuímos tendências naturais destrutivas em nós, existe na própria ciência em especial na Psicanálise, como um legado desse dualismo.

NEOPLATONISMO: No século III, da era cristã, a cidade de Alexandria, com as conquistas de Alexandre, tornou-se o ponto de encontro das civilizações gregas e orientais. As Doutrinas de Pitágoras, Aristóteles, mas principalmente as de Platão uniram-se às aspirações místicas de origem hindu e judia e forneceram o material para o surgimento do neoplatonismo.

Retoma o neoplatonismo a filosofia de Platão, mas com ênfase ao lado espiritualista e místico. Segundo alguns autores, essa escola filosófica deve muito à Escola judáica da cidade de Alexandria, cujo representante mais ilustre é Filon, o judeu. Ele tentou adaptar o pensamento de Platão à Bíblia, em interpretações cheias de alegorias.

O principal neoplatônico foi Plotino, cujo discípulo, Porfírio, expôs suas teorias na obra que tem por título "As Enneadas." Ammonius Saccas, (final do Século II), parece ter sido o fundador dessa filosofia, que teve em Jamblico, também um expoente. Jamblico levou o misticismo de Plotino às maiores extravagâncias.

Segundo os neoplatônicos, o princípio de tudo o que existe é a unidade absoluta. Esse UNO cria, por emanação, uma série de seres, que lhe devem sua perfeição e existência.

O primeiro ser assim criado é o Logo, o Verbo e a Inteligência que encerra todas as idéias das coisas possíveis.

Essa Inteligência gera a alma, princípio do movimento, força expansiva, que necessariamente cria **idéias** fora de si, no exterior. Para a produção dessas idéias cria a matéria. Na matéria existem as idéias ou formas. O Uno, a Inteligência e a Alma são as três hipóstases da Trindade Neoplatônica.

O ser assim gerado procura subir para a perfeição de onde emanou. É a conversão para Deus (O Uno).

Antes de vir para o mundo material, a alma humana habita o mundo supra-sensível onde tem uma intuição das idéias e da inteligência.

Desse modo a teoria neoplatônica é otimista no sentido de que tudo vem de Deus, ou do Bem e tende para o Bem.

No entanto, para chegar ao Bem a alma deve libertar-se ao máximo de toda inclinação sensível e, voltada a si mesma, encontrar a inteligência e chegar à intuição do pensamento divino. Para chegar ao pensamento divino que é superior à inteligência, a alma tem que superar o pensamento. Isso só é possível pelo êxtase, onde se confunde com Deus e perde toda consciência de si mesma.

Plotino estava convencido de ter conseguido isso, pelo menos duas ou três vezes em sua vida. Unir-se à mais elevada hipóstase.

Com Jamblico, o neoplatonismo atribuiu cada vez mais importância às práticas destinadas a provocar o arrebatamento místico e à integração com o Uno. Seus seguidores fazem muitos comentários sutis e narrações maravilhosas.

Em 529, D. C, o édito de Justiniano proibiu o ensino do neoplatonismo, eliminando essa escola.

Ignorar a vida dos sentidos, voltar-se para a perda da consciência embora numa filosofia otimista e cheia de poesia, como a de Plotino, pode ser entendido se analisarmos a sua época histórica. É como se a guerra e a peste que diminuíram a população do Império Romano para apenas um terço, a ruina financeira, as forças hostis do exército e as invasões dos germanos pelo norte e dos persas pelo leste, não existissem para Plotino. Ele voltou as costas ao mundo real, para se extasiar no Bem, no Belo e no Uno, que a tudo precede. Como os cristãos que aguardavam a felicidade no outro mundo ou a vinda milagrosa do Reino, Plotino fugiu para o mundo das idéias de Platão, mundo para ele real, oposto ao mundo das aparências.[1]

Como a felicidade possível, em meio à guerra e à destruição é muito pouca, uma das formas de atingi-la é colocá-la no pensamento e na imaginação, desprezando o mundo dos sentidos.

Segundo apreciação do filósofo Bertrand Russel, Plotino "possui uma espécie de pureza e elevação moral que impressiona muito. É sempre sincero, jamais acerbo ou reprovador, empenhado invariavelmente em dizer ao leitor com toda simplicidade possível o que lhe parece importante. Pense-se dele o que se quiser como filósofo, não é possível deixar de amá-lo como homem"[2]

O Cristianismo adaptou a nova fé às concepções de Plotino, especialmente a idéia da Trindade Divina, a qual se manifesta em três emanações que são a própria divindade:

---

1 - Esse misticismo é muito bem analisado por Herculano Pires em sua excelente obra "Concepção Existencial de Deus", no Capítulo VII - O Deus dos Místicos, da Editora Paidéia, onde afirma corajosamente na 2ª edição que os místicos" são uma espécie, dentro da espécie, quase uma anti-espécie, unânimes na repulsa à condição humana. Com lógica irretorquível, afirma a seguir que o místico "Vive em delírio, mas nunca se arrisca na voragem da loucura legítima, que é prerrogativa das criaturas heróicas."
2 - Russel, Bertrand, História da Filosofia Ocidental., Cap. XXX Cia Editora Nacional. s.d. Como podemos ver, mesmo filósofos do porte de Russel, não conseguem fugir da admiração pelo paradigma da santidade católica, que permeia toda nossa civilização.

O Ser, que é o Pai; a Inteligência, que é o Espírito Santo e a Alma do Mundo, que é o Filho.

Outra adaptação das idéias de Plotino é a afirmação de que há um mundo inteligível das formas puras ou inteligências imateriais, perfeitas que são os anjos, arcanjos, querubins, serafins, tronos e potestades.

O mundo sensível ou material, porém, não é, segundo a filosofia cristã, uma emanação divina, mas uma criação. Predominou nesse item a idéia Bíblica da criação do mundo a partir do Nada.

Dessa forma, para a Filosofia Cristã, a alma humana participa da divindade, não por sua natureza, mas pela mediação do Filho e do Espírito Santo. Como o homem tem a natureza humana e não a divina, para atingir essa condição de filho de Deus e herdeiro do Reino Divino, precisa da **graça santificante** que recebe por meio do sacramento através do batismo cristão. Um mistério divino, portanto, ministrado pelo sacerdote.

O conhecimento intelectual não é assim, segundo a Igreja, suficiente para levar ao êxtase místico e ao contato com Deus.

Percebe-se claramente que a Igreja Católica incorporou elementos da Filosofia Neoplatônica, que não interferissem no poder sacerdotal, pois ela eliminou todos os conceitos que envolviam esforço pessoal e centrou o poder maior nos sacramentos e no sacerdote, que permanece como intermediário entre Deus e o crente.

ESTOICISMO: Os estóicos não aceitavam essa realidade do Uno e suas emanações. Para eles havia uma Razão Universal, ou Inteligência Universal que governaria toda a realidade. Esse governo seguia um plano racional e necessário a que eles chamavam de Providência.

O ser humano possui a natureza animal e racional. É impulsionado pelos instintos animais, mas por possuir razão e vontade participa dessa Razão Universal. Essa participação é feita pela ação moral e não pelo conhecimento intelectual.

Para participar dessa Razão Universal, devemos renunciar a todos os instintos, dominar voluntariamente e racionalmente todos os desejos e aceitar a Providência.

A Providência é o conjunto das leis necessárias que regem a Natureza: assim, viver conforme a Natureza e a Providência é característica do sábio.

O Estoicismo surge com Zenão, filósofo grego, que fez uma síntese da cosmologia de Heráclito, da ética dos cínicos e de uma parte da lógica de Aristóteles.

Com Marco Aurélio, o imperador romano, e Epicteto, o filósofo liberto, o Estoicismo perde sua visão de conjunto para se tornar principalmente uma ética.

A virtude existe quando a vontade está de acordo com a Natureza. A virtude reside na vontade, todas as coisas boas ou más na vida de um homem dependem de sua Vontade. A virtude é o único bem. De nada valem os bens materiais ou mesmo outros bens como saúde, felicidade. Os homens têm poder sobre as coisas e não sobre a nossa vontade. Se não a fixarmos em coisas, poderão prender-nos, matar-nos, mas mesmo assim, presos, condenados, podemos viver em harmonia com a Natureza.

Dessa forma, a virtude, que é a única coisa verdadeiramente boa, repousa apenas no indivíduo. Teremos, pois, perfeita liberdade desde que nos libertemos dos desejos mundanos.

Conta-se que Epicteto, que viveu no século I da era cristã, era escravo de Epafrodita, liberto de Nero. Ouviu as lições do filósofo estóico Musonius Rufus e as colocou em prática muitas vezes. Quando seu senhor lhe torcia uma perna, num instrumento de tortura, Epicteto lhe disse: "Vais quebrá-la". Quando a perna se quebrou, tornando-o aleijado, aduziu: "Eu não havia dito?"

Alforriado, dedicou-se a ensinar o estoicismo. Com ele a Filosofia Estóica não mais indagou sobre a Natureza, a Ciência ou Deus. Tornou-se uma Doutrina somente moral, preocupada em dar regras de proceder, sem fundamentá-las teoricamente.

A Filosofia Estóica tudo aceita e se resigna perante a dor e a adversidade.

O imperador Domiciano, que detestava os que pensavam, exilou todos os filósofos, no ano 90. Epicteto aceitou o exílio como aceitara a escravidão. "Acusar-se apenas a si das suas desventuras é ser sábio, mas muito mais o será aquele que se não acuse, nem acuse os outros," são anotações de seus ensinos.

Sua moral é a aceitação soberba e altiva da necessidade. "Suporta e abstém-te... O que é bom é conforme a natureza. Viver conformemente à natureza será viver conformemente à razão, evitando a paixão que perturba e é um erro, uma doença da alma. O ser impassível será feliz, será livre, será todo poderoso, será perfeito..."

Claro está que podemos entender essa filosofia de resignação e desesperança, se estudarmos as circunstâncias históricas em que surgiu. Apesar de que, a época dos Antoninos, em Roma, não foi das piores, o esplendor das cidades existia apenas para uma pequena minoria. As grandes massas da população viviam muito mal ou em extrema pobreza.

Na Terra, dizia Epicteto, somos prisioneiros de um corpo terreno. Marco Aurélio, o imperador, também afirmava em consonância com o escravo: "Tu és uma pequena alma carregando um cadáver." É belo o conceito de fraternidade do estoicismo. O imperador dizia que não se devia falar "sou romano" ou "sou ateniense", mas "sou um cidadão do universo".

Escravos e senhores são filhos de Zeus. Zeus não pode tornar a nossa alma livre, mas nos deu uma parte de sua divindade. O estóico deve se sentir feliz em qualquer situação: doente, em perigo, no exílio, na desgraça, condenado, morrendo, sendo torturado. Se compreendemos que a virtude é nosso único bem, nada nos pode infelicitar.

Os estóicos, como os cristãos, ensinam a amar os inimigos. De modo geral, desprezam os prazeres mais comuns. Consideram a felicidade mais bela libertar-se da paixão. Felicidade é estar livre de toda perturbação, e isso se consegue pela consciência de que nossos assuntos não dependem de ninguém, nem de circunstância alguma.

Marco Aurélio é um convicto da existência de "daimons", espíritos que guiam cada homem. Uma crença que o cristianismo transformou na de anjo guardião. O Universo para ele é um todo intimamente tecido, como um ser vivo, dotado de uma substância e de uma alma. É interessante comparar tal conceito com o moderno conceito ecológico da Terra, como Gaia, um organismo vivo e interativo. Há pontos de semelhança.

Sem entrar na análise das contradições do Estoicismo, interessa-nos mostrar como sua moral está entranhada na prática da moral cristã. Seu conceito de virtude é o pregado pela Igreja e o praticado pelos santos. No entanto, não se coaduna com as leis morais de "O Livro dos Espíritos".

O Cristianismo através da Igreja manteve as seguintes idéias do estoicismo:

— existe uma Providência Divina que é racional e governa tudo;

— a perfeição humana consiste em abandonar todos os instintos, todos os apetites, desejos corporais e materiais e entregar-se a Deus. Essa entrega não é um ato da vontade e da liberdade, como queriam os estóicos, mas exige a fé em Nosso Senhor Jesus Cristo e a graça santificante. O homem em si não tem essa força, pois é pecador e decaído.

Observemos novamente uma das origens do horror

ao instinto, às paixões, aos impulsos, que são considerados inferiores, coisas de que devemos nos libertar para conseguirmos a união e a felicidade em Deus.

2. PROVA, EXPIAÇÃO E MISSÃO. TRÊS CONCEITOS AINDA NÃO ESCLARECIDOS NA DINÂMICA DO MOVIMENTO ESPÍRITA

Define Kardec, no Capítulo VII de "O Céu e o Inferno":

"A expiação consiste nos sofrimentos físicos e morais que são a conseqüência da falta cometida, seja desde a vida presente ou seja após a morte, na vida espiritual, ou ainda numa nova existência corpórea, até que os traços da falta tenham desaparecido."

Para que os traços da falta sejam apagados é preciso que haja a reparação. Sem reparação o perdão se torna uma "graça" e não uma anulação da falta. Reparar consiste em fazer o bem para quem fizemos o mal, realizar deveres que negligenciamos, cumprir missões em que falimos, construir o que destruímos, plantar onde depredamos, e assim por diante. A reparação só se torna possível para os que atingem o arrependimento.

A expiação varia segundo a natureza e a gravidade da falta. Uma mesma falta provoca expiações diversas, dependendo do grau de conhecimento de cada espírito, das circunstâncias que podem agravar ou atenuar uma falta.

Quando erramos, sem maldade, por ignorância, sofremos a conseqüência desse erro, pela lei natural. Esse sofrimento cessa quando corrigimos o erro. Na expiação estamos pagando débitos que adquirimos conscientes do mal que fazíamos. Nesse caso a reparação é o único remédio para nos libertar do sofrimento.

No entanto nem todo sofrimento é causado por faltas que cometemos, pelo mal que praticamos.

O "Evangelho Segundo o Espiritismo", no seu item 9, do

Cap. V Bem-aventurados os Aflitos, esclarece muito bem:

"Não se deve crer, entretanto, que todo sofrimento por que se passa neste mundo seja necessariamente o indício de uma determinada falta: trata-se freqüentemente de simples provas escolhidas pelo Espírito, para acabar a sua purificação e acelerar o seu adiantamento."

O que é prova, portanto? Situações em que somos testados, por escolha nossa, em nossas virtudes e que por serem difíceis causam sofrimentos. Solicitamos provar em situações de doença, se temos resignação; em situação de riqueza, se temos desprendimento; em situações de abandono se sabemos perdoar; se somos capazes de encarar a solidão, de ser solidários, e assim por diante.

Da mesma forma que ao enfrentarmos uma prova escolar, precisamos nos preparar e podemos nos sair mal, assim também uma prova em que falimos, pode exigir de nós expiações severas, mas sempre justas. Uma prova em que nos saímos bem, nos proporciona imenso prazer, felicidade e um sentimento de realização. Não são poucas as pessoas que depois de sair-se bem em situações de luta e sofrimento, consideram quanto aprenderam com aquilo, como cresceram, alteraram sua visão de mundo e se sentem mais plenas e felizes depois do que passaram.

Por outro lado, quando expiamos uma falta podemos adquirir virtudes, sairmo-nos muito bem e essa quitação do mal anterior acaba desenvolvendo em nós virtudes que ficam firmemente fixadas em nosso espírito. A expiação serviu aí como prova e fomos aprovados com louvor.

Claro está que se precisamos provar nossas virtudes significa que ainda somos imperfeitos; caso contrário, nada haveria a provar. Provas e expiações existem para os espíritos ainda imperfeitos. Os espíritos puros apenas recebem missões.

O sofrimento é, assim, no dizer do Codificador, inerente à imperfeição.

No entanto, o movimento espírita, tendo em vista o dinamismo e a complexidade do problema da dor e a imensa plasticidade da idéia de prova, confunde em geral essas situações.

O conceito arraigado da vida material como castigo, cultivado pelos sacerdotes ao longo dos milênios, torna difícil para nós entendermos situações dolorosas sem relacioná-las a culpa e punição. Sofrer é sinônimo de culpa e condenação. Sofrimento indica castigo de crime e pecado.

No entanto assim não entende a Doutrina Espírita. A dor é inerente à imperfeição. Um espírito simples e ignorante irá sofrer no aprendizado evolutivo, irá errar e sofrer as conseqüências dos erros, irá solicitar provas que testarão seu aprendizado, e poderá ou não praticar o mal, agindo com consciência do que está fazendo e então expiará seu crime doloso, através da dor-expiação.

Falta-nos salientar na vida, a alegria, a felicidade e o prazer como reações de nossos acertos, como conseqüência da superação de nossas limitações, como colheita de novas experiências, como usufruto de novas conquistas no campo do sentimento e dos sentidos.

Como a dor é desagradável, o esforço para nos libertar dela produz o progresso, a melhoria e a felicidade. A princípio relativa, a felicidade aumenta conforme nos adaptamos melhor à lei divina e nos desenvolvemos.

Quando fala do papel que todos têm a cumprir no Universo, a Doutrina Espírita define esse papel como missão pessoal de cada um. Espíritos superiores e puros têm missões adequadas como presidir a formação de mundos, cuidar da harmonia geral do Universo, orientar povos, famílias, impulsionar um ramo do progresso, operar junto à Natureza.

Há, na Criação, trabalho para todos, e as missões são solicitadas com ardor e aceitas com alegria, porque "representam um meio de adiantamento para os Espíritos que desejam elevar-se".

Ao lado dessas grandes missões, temos missões de diversos graus, confiadas a Espíritos de toda ordem. Por tal motivo, todo encarnado tem a sua, mesmo que esteja em expiação. Deveres a cumprir auxiliando o progresso de grupos, família, indivíduos, tarefas mais sociais, relativa a grupos, cidades, ciências. Nessas missões o homem pode fracassar, omitir-se, porque seu erro não prejudica o conjunto.

Essa a beleza da Vida Universal. Todos concorrem para a obra geral, mesmo os espíritos mais simples e ignorantes, até mesmo o princípio inteligente ainda como vegetal ou animal.

Encarnados e desencarnados todos estão ativos, "todos se instruindo, ajudando-se mutuamente, apoiando-se, dando-se as mãos para atingirem o alvo."

Essa solidariedade, exigida pelo dinamismo natural da vida, é que estabelece as relações afetivas, as simpatias e por sua continuidade no tempo, leva ao amor. Por tal motivo a felicidade, embora decorrente de um estado interior, não é pessoal. Temos que compartilhá-la com os outros ou então, ela não passará de um triste egoísmo, de uma serenidade que beira a indiferença. Os Espíritos felizes, atraem-se uns aos outros pela semelhança de idéias, gostos, sentimentos e formam vastos grupos, onde se alimentam afetivamente, comunicam os resultados de seus trabalhos e aurem instruções dos mais esclarecidos.

O cumprimento das missões na Terra, mesmo para espíritos superiores, não é, de modo algum, isento de sofrimento. Todas as pessoas que pretendam auxiliar a mudar, fazer progredir alguma arte ou ciência, colocar em prática realizações que incomodem os poderosos e desequilibrados irão sofrer-lhes as perseguições, muitas vezes enfrentando a tortura, a perseguição e a morte. Basta lembrar Jesus, Gandhi, Luther King ou Giordano Bruno e

Galileu...

Importante observar, que existe no movimento espírita a crença de que missões são escolhidas antes de encarnar, especialmente as mais importantes. Não é o que ensinam os espíritos. A questão 576, de "O Livro dos Espíritos" indaga:

Os homens incumbidos de missão importante são predestinados a ela, antes do nascimento e têm conhecimento disso?

— Às vezes, sim, mas na **maioria** das vezes o ignoram. Só têm um vago objetivo ao vir para a Terra; sua missão se desenvolve após o nascimento e segundo as circunstâncias. Deus os impulsiona pela via em que devem cumprir os seus desígnios. (grifo nosso)

3. COMO CADA INSTITUIÇÃO E IGREJA TRABALHA SEU CORPO

Para podermos entender a importância de nossa postura corporal e como cada instituição e igreja trabalham nosso corpo, mesmo que não o façam propositadamente, vamos transcrever um texto do livro "O Corpo Traído" de Alexandre Lowen, Summus Editorial, 3ª edição, Capítulo I, página 18 e seguintes.

"A pessoa experiencia a realidade do mundo somente por meio do seu corpo. O meio exterior provoca-lhe impressões porque se manifesta sobre seu corpo e afeta seus sentidos. Em troca, a pessoa reage à estimulação agindo sobre o meio ambiente. Se o corpo é relativamente sem vida, as impressões e reações da pessoa, são diminuídas. Quanto mais vivo o corpo, mais vividamente ela percebe a realidade e mais ativamente reage a esta. Todos nós já tivemos a experiência de que, quando nos sentimos particularmente bem e vivos, percebemos o mundo de forma mais aguçada. Em estados depressivos o mundo parece descolorido.

A vividez do corpo denota a sua capacidade de sentir. Na ausência de sentimento, o corpo fica "morto", ao menos no que se refere à sua habilidade de ser impressionado pela situações e reagir a elas. A pessoa emocionalmente morta está voltada para dentro: pensamentos e fantasias substituem o sentimento e a ação; imagens compensam a perda da realidade. Sua atividade mental exagerada substitui o contato com o mundo real e pode criar a falsa impressão de estar vivo. Apesar dessa atividade mental, seu estado de morte emocional manifesta-se fisicamente. Nós acabaremos descobrindo que este corpo tem aparência de "morto", que lhe falta vida".

Para entendermos a importância de que as imagens que temos correspondam a realidade da experiência física, devemos entender que "imagem" no texto refere-se a símbolos e criações da mente que se opõe à realidade da experiência física. Uma imagem é real, quando ela corresponde aos sentimentos e sensações. Se não há essa correspondência, a imagem não coincide com a realidade. Essa falta de correspondência ocorre em grau máximo nos doentes mentais que se imaginam Jesus ou Napoleão. Uma pessoa sadia tem uma imagem de si própria que está em consonância com o que seu corpo sente e aparenta. Entendido o termo "imagem" como símbolos e criações mentais em oposição à realidade física, podemos prosseguir com o texto.

"Ao enfatizar demasiadamente o papel da imagem, ficamos cegos à realidade da vida do corpo e dos seus sentimentos. É o corpo que se funde em amor, que se arrepia de medo, que treme de raiva, que procura calor e contato. À parte do corpo, estas palavras não passam de imagens poéticas. Experienciadas no corpo, elas ganham a realidade que dá sentido à existência. Baseada na realidade do sentimento corporal, a identidade possui substância e estrutura. Abstraida dessa realidade, a identidade torna-se somente um artefato social, um esqueleto sem carne.

Uma série de experimentos tem demonstrado que quando esta interação entre o corpo e o meio ambiente é em grande parte reduzida, a pessoa perde a sua percepção da realidade. Se um indivíduo for privado, durante um período de tempo bastante longo de toda e qualquer estimulação sensorial, ele começará a alucinar. A mesma coisa ocorre quando a sua atividade motora é severamente restringida. Em ambas as situações o decréscimo de sensações físicas causado pela ausência de estimulação externa ou atividade motora interna reduz a sensação que a pessoa tem de seu próprio corpo. Quando uma pessoa perde contato com seu corpo, a realidade se esvanece.

A vividez de um corpo é função de seu metabolismo e de sua motilidade. O metabolismo é quem provê a energia que resulta em movimento. Obviamente, nas situações em que o metabolismo é reduzido a motilidade também decresce. Porém esta relação funciona igualmente no sentido inverso. Qualquer redução na motilidade do corpo afeta também seu metabolismo. Isso se deve ao fato de a motilidade ter um efeito direto sobre a respiração. Como regra geral, quanto mais uma pessoa se movimenta, mais ela respira. Quando a motilidade é reduzida, a inspiração de oxigênio é menor, e a chama do metabolismo arde com menos intensidade. Um corpo ativo caracteriza-se pela sua espontaneidade e pela sua respiração plena e fácil."

"A íntima relação entre respiração, movimento e sentimento é conhecida da criança, porém é geralmente ignorada pelo adulto. As crianças aprendem que segurando a respiração é possível eliminar sentimentos e sensações desagradáveis. Elas encolhem a barriga para dentro, e imobilizam o diafragma de modo a reduzir a ansiedade. Ficam deitadas quietas para evitar a sensação de medo. Elas "amortecem" o corpo para não sentir dor. Em outras palavras, quando a realidade se torna insustentável, a criança se retira para um mundo de *imagens*, onde o seu ego compensa a perda de sensação corporal através de uma vida fantasiosa ativa. O adulto, no entanto, cujo comportamento é governado pela imagem, reprimiu a memória das experiências que o forçaram a "amortecer" o corpo e abandonar a realidade."

"A perda do senso de identidade tem suas raízes na situação familiar. Sendo educado conforme as imagens do sucesso, popularidade, encanto sexual, sofisticação intelectual e cultural, *status*, auto-sacrifício, e assim por diante, o indivíduo enxerga os outros como imagens, em vez de encará-los como pessoas. Cercado de imagens ele se sente isolado. Se reage às imagens, sente-se alienado. Na tentativa de corresponder à sua própria imagem, sente-se frustrado e roubado de suas satisfações emocionais. A imagem é uma abstração, um ideal, um ídolo que exige os sacrifícios do sentimento pessoal. A imagem é uma concepção mental que superposta ao ser físico, reduz a existência corporal a um papel secundário. O corpo se transforma num instrumento da vontade a serviço da imagem. O indivíduo fica então alienado da realidade de seu corpo. E indivíduos alienados produzem uma sociedade alienada."

Escolhemos esse texto, embora existam muitos outros, como o interessante livro de Pierre Weil, "O Corpo Fala". Ele é suficiente para nos mostrar que conforme educamos filhos, alunos, parentes, freqüentadores dos Centros Espíritas, estaremos auxiliando ou não a sua identidade, ajudando ou não seu espírito a encarar a sua realidade. Quando, no conto da página 6, tratamos do conceito de espiritualidade, tocamos diretamente na questão da identidade do espírito em cada encarnação e de como é necessário que haja uma harmonia e não uma guerra entre corpo, fluido vital, instintos e intuição no Espírito.

Se houver harmonia, o Espírito e o novo corpo, formarão um ser integrado que trabalha em uníssono. Na pessoa sadia o Espírito trabalha de modo a prolongar o princípio do prazer que rege o corpo. Na pessoa emocionalmente desequilibrada, o Espírito tem domínio sobre o corpo e considera que os valores do espírito são superiores ao do corpo. Vimos que não existe essa superioridade e que o Espírito precisa utilizar-se sabiamente do corpo como de suas próprias aquisições no campo da sensibilidade e do instinto. Quando se estabelece um predomínio, um poder ao invés de uma harmonização, o que ocorre é a quebra da unidade corpo-espírito. O que deveria ser harmonia transforma-se num conflito aberto, gerando desde neuroses leves, até as mais profundas dissociações.

Imaginem a responsabilidade do líder religioso quando recomenda que a pessoa vença o corpo, quando aterroriza a mente dos fiéis dizendo que o demônio age sobre a "carne". As posturas corporais das pessoas religiosas falam muito do tipo de "imagens" que foram cultivadas em sua mente pelos chefes religiosos. Há os que são rígidos corporalmente, tesos, pescoços duros, olhos sem expressão, como participantes de uma "certa alucinação coletiva," que impede o encontro com o real e o raciocínio lógico. Há instituições e clubes que cultivam uma postura animal e de agressividade, transformando seus sócios em pessoas incapazes de olhar o outro a não ser como rival para competições constantes.

É interessante notar que o cultivo de "imagens" em nível social é muito utilizado pelos governos e sociedades para fazer com que você veja o outro como uma imagem. Por exemplo, a TV retrata a polícia como autoritária, violenta, repressiva, de modo a tornar os policiais objetos de desconfiança e ódio. Deixamos de vê-los como seres humanos. Muito fácil agredi-los e destruí-los, se eles se tornam uma abstração, uma imagem.

Falamos até aqui de como "imagens" cultivadas em nosso sentimento podem gerar posturas corporais, alterar nosso metabolismo, respiração e saúde. Seria possível agir ao contrário? Poderíamos, através de trabalhos corporais, alterar sentimentos, pensamentos, formas de expressão? As terapias corporais modernas consideram que é possível aliar terapias verbais e corporais e conseguir de modo mais rápido e profundo a harmonia interior e o equilíbrio psíquico. Na educação pouco se faz e quase nada se pesquisa com relação a essa possibilidade.

4. CONDIÇÕES NECESSÁRIAS PARA COOPERAÇÃO

Segundo alguns autores modernos, tanto ligados às Ciências Sociais como a Psicologia, a cooperação é a melhor resposta para a convivência humana, tornando-nos mais capazes de tirar o melhor da vida e do mundo.

Baseamos nossas notas no trabalho do analista transacional Claude Steiner, em seu livro "Os papéis que vivemos na vida", Editora Artenova S/A, s.d.

No capítulo 25 do referido livro, o autor nos fala das Regras de Cooperação.

Segundo ele, duas pessoas que decidem cooperar precisam concordar em diversos pontos. Esses pontos e suas regras funcionarão tanto para um casal como para um grupo. O autor considera que embora tratando especificamente de cooperação entre casais, as regras são válidas para qualquer grupo humano. Segundo sua maneira de ver, a cooperação em grande escala entre povos e países só pode existir depois que as pessoas aprendam a cooperar em grupos e entre si.

Quando temos que manter laços mais estreitos com um grupo ou com um parceiro, seja esposo ou colega com quem passamos a dividir casa e despesas, começamos a perceber como a educação individualista e competitiva destrói as relações humanas. Nossa sociedade premia o individualismo e não a individualidade; a competição e não a cooperação. A coisa está de tal modo arraigada na estrutura de famílias, escolas, clubes, empresas, que mesmo sendo evidente que a cooperação será vantajosa para todos, crianças, adolescentes e adultos preferem competir.

Fica claro para os estudiosos de Sociologia, que essa competitividade é estimulada, premiada, exigida desde cedo. Porém o próprio estudo dos ecossistemas e das sociedades mais simples mostra que a cooperação é a forma natural e prazerosa de resolver a maioria dos problemas. A competição só existe na Natureza, dentro de um contexto maior de cooperação e em condições especiais, onde se torna impossível cooperar, devido à escassez, ou seja, não é possível dividir para que todos saiam satisfeitos.

São assim condições para que exista cooperação:

1º) **Ausência de escassez**. É preciso que exista uma quantidade satisfatória do que se deseja partilhar para que haja cooperação.

A prática da cooperação mostra que coisas que muitas vezes poderiam parecer escassas, com a cooperação tornam-se fartas. Existe nas sociedades competitivas uma escassez artificial, provocada pelo acúmulo desnecessário por parte de algumas pessoas por medo de que venha a faltar. Estocar às vezes é prever, mas na maioria das vezes é inútil.

Falando de coisas, a regra é válida, mas parece ser válida também para segurança, boa-vontade, apoio, afagos e até quando tratamos de necessidades sexuais.

2º) **Direitos iguais**. Uma vez estabelecido que há o suficiente para cooperarmos de modo que todos tenham o de que precisam, a regra seguinte é que ambos ou todos os do grupo, têm que cooperar igualmente para que todos estejam satisfeitos e também devem estar perfeitamente satisfeitos.

Por exemplo, mesmo que uma mulher trabalhe o mesmo número de horas que seu marido, é esperado dela que faça a maior parte do trabalho doméstico. Da mesma forma, os homens esperam receber mais afagos do que dão. Se uma mulher pede um tempo para se divertir, o marido em geral concordará se o tempo dela for menor do que o dele.

Nesta situação o homem pode até reconhecer que está sendo privilegiado, mas nada fará para mudar a situação, apegando-se, de modo aberto ou sutil, às suas vantagens masculinas.

No campo sexual, em geral a desigualdade é para o homem. Espera-se que ele dirija e complete de modo satisfatório a relação sexual. As mulheres não aceitam desistir do seu privilégio de apenas usufruir e exigir, e se recusam a mudar.

Enquanto não houver acordo e igualdade de direitos, a cooperação não existirá.

3º) Ausência de manipulação do outro para conseguirmos o que desejamos ou em outras palavras, AUSÊNCIA DE JOGOS DE PODER. Parece fácil, no entanto, essa é a parte mais difícil. Numa sociedade competitiva e individualista, o tempo todo estamos buscando ser os primeiros, acumular coisas desnecessárias. Deixar esses comportamentos é bastante complicado.

Usamos ameaças, mau-humor, gritos, portas batendo, "virar a cara" em vez de discutirmos e negociarmos. Todo tipo de manipulação deve ser apontada e os componentes do grupo devem se mostrar dispostos a desistir desses comportamentos.

4º) **Ausência de segredos.** Aprendemos muito cedo em nossa vida, em especial as mulheres a adivinhar os desejos dos que convivem conosco e a não manifestar os nossos. Estamos constantemente decepcionados pela insensibilidade dos nossos semelhantes para perceber o que desejamos e fazer algo por nós. Isso é plenamente compreensível se pensarmos que numa sociedade onde se cria propositadamente a carência, a limitação, dizer o que se deseja aumenta a procura e em conseqüência a acumulação desnecessária, a competição, a escassez.

Numa situação de cooperação, é requisito básico que

as pessoas peçam o que desejam durante todo o tempo de convivência. Dizer o que se quer é o primeiro passo para se chegar ao nosso objetivo. Num contexto cooperativo, isso deve mobilizar o interesse e a energia dos outros para nos proporcionar satisfação. Um dos maiores problemas dos grupos que tentam cooperação é que as pessoas não dizem o que querem ou não sabem bem o que querem, mas ficam ressentidas quando não recebem o que desejam.

Pedir o que se quer não quer dizer arrebatar, obrigar os outros satisfazer o desejo, induzir alguém a dar o que não deseja doar. Trata-se de firmar uma posição e conseguir que todos os que tenham a mesma posição cooperem e negociem para satisfação geral.

Nem sempre se pode conseguir imediatamente o que se pede. No entanto a expressão dos desejos, sua discussão pode fazer-nos entender como podemos cooperar, mesmo que pareça não haver o suficiente para todos. A necessidade de cooperar é um dos comportamentos mais arraigados na espécie humana. A cooperação foi durante milhões de anos a forma de se conseguir a sobrevivência da espécie humana. Assim, necessidade de coisas em que haja escassez, pode, em presença da necessidade do outro, diminuir a necessidade própria, de modo que cooperar e compartilhar torna-se fonte de prazer e a satisfação é atingida mesmo com uma quantidade menor do que é escasso.

Se uma pessoa não consegue o que deseja num processo de cooperação, faz parte da regra que ela continue pedindo o de que precisa sempre que queira, e deixe claro que não está satisfeita. Se não for expressa, sua insatisfação se transforma em ressentimento e ela tenderá, pelo ressentimento, a voltar a ser competitiva e individualista.

5º) **Ausência de Salvações.** Nos grupos que cooperam, deve deixar de haver protecionismo. Se alguém não pede o que deseja, o outro faz coisas que não deseja por imaginar que a pessoa é vítima de sua timidez ou incapacidade e não pede o de que precisa. Nesse caso, a pessoa que "salva" a outra sente culpa e vergonha e na verdade está sendo manipulada pela "vítima", que não pede o que deseja.

Isso não significa, porém, que devamos ter uma postura de falta de consideração para com as necessidades alheias. O que o grupo necessita fazer é perceber essa necessidade e elaborar uma solução combinada com a pessoa que aceita ser vítima. Ela será satisfeita, no entanto precisa manifestar suas necessidades.

Muitas vezes na luta pela cooperação, uma pessoa ou mais se recusa a cooperar. Nesse caso é preciso manifestar o desapontamento do grupo de modo explícito. A solução deve ser a **retirada da partilha, como resposta à postura não-cooperativa.** Especialmente com crianças, isso é válido. Não se trata de um jogo de poder, mas simplesmente uma reação aberta e honesta, com base nos sentimentos. Não podemos ter interesse em cooperar com pessoas que não cooperam. Isso deve ser feito sem sentimentos de vingança ou raiva, apenas como manifestação do nosso sentimento de não ser correto cooperar com quem não cumpre sua parte. Em geral, percebendo o que perde por não cooperar, a pessoa volta a fazer a sua parte.

Como diz um parente nosso: Parece difícil, mas não é fácil.

5. ESPERANTO

O que é o Esperanto? Para explicar o que seja essa língua, vamos utilizar partes do artigo de David Bianchini intitulado "Esperanto, Uma Religião"? publicado no boletim semanal SEI (Serviço Espírita de Informações), n.º 1524 de 14/6/97.

Diz David Bianchini:
"Era o ano de 1887 e o médico oftalmologista Lázaro Luiz Zamenhof, preocupado com os desentendimentos dos

homens, apresentava ao mundo, através de uma brochura singela, a proposta de uma nova língua.

Da sua cidade natal, Bialystok, lembrava-se de ter visto, muitas vezes, russos, alemães, bielorussos e judeus discutirem e praguejarem entre si, em suas próprias línguas, num triste espetáculo de pura demência. Onde a nacionalidade do ser Humano? Por que se deixarem vitimar de tantos preconceitos? Qual o motivo que os impedia de esclarecer suas diferentes visões do mundo e construir uma sociedade mais agradável de viver-se? Estavam juntos, respiravam o mesmo ar, tomavam da mesma água. Talvez o som estranho de suas línguas fosse a barreira primeira a impedi-los de trocar idéias sobre seus sonhos, suas necessidades, suas virtudes e fraquezas. Talvez uma nova língua fosse a solução, como uma ponte, neutra, sem o peso das heranças culturais, das religiões milenares, dos hábitos e costumes construídos através das gerações. Talvez fosse possível quebrar as barreiras das incompreensões e dos preconceitos ao se ter a oportunidade de falar, sem imposição da própria língua, sem a humilhação de se verem constrangidos a compreender uma outra língua.

O jovem médico ousou concretizar seu sonho. Editou a brochura da Língua Internacional, assinando-a com seu pseudônimo de Dr. Esperanto. Era a proposta de alguém que tinha esperanças de, rompendo as muralhas do tempo, reunir a sofrida família humana."

"O Esperanto passou a ser o nome desse idioma que, sem fronteiras, tornou-se uma verdadeira interlíngua. Irradiada em Roma, pela Rádio Vaticano, falada por budistas e maometanos, presente na Religião Oomoto, assim como nos seguidores da fé Bahai. No Brasil, é amplamente apoiada pela Federação Espírita Brasileira que, desde 1907, a tem divulgado nas páginas do seu órgão de divulgação, O Reformador."

"O Esperanto em si não tem religião, mas é como

se trouxesse consigo o germe de todas elas e de todos os movimentos que trabalham pelo entendimento do homem de todas as raças. Aprende-se o Esperanto nas comunidades católicas, nos templos budistas, nos centros espíritas. Os esperantistas são árabes, judeus, russos, americanos, chineses, tibetanos... São, enfim, arautos da paz e da concórdia. Os filhos da esperança, os que antevêem na Terra o reinado do Bem.

6. ALFABETIZAÇÃO EMOCIONAL

Em decorrência dos modernos estudos sobre as emoções, algumas escolas americanas têm desenvolvido projetos para auxiliar as pessoas a conviver de forma harmoniosa com suas emoções e com as emoções alheias.

Apenas para ilustrar, selecionamos alguns conceitos do livro Alfabetização Emocional de Celso Antunes, Editora Terra, 1996.

Trabalhos pedagógicos podem ser realizados no sentido de desenvolver a auto-aceitação, a auto-consciência, o controle dos sentimentos, ética e empatia, administração das tensões, melhoria das formas de comunicação emocional.

Os trabalhos chamados de alfabetização emocional ainda estão em experiência, mas é interessante conhecê-los e tentar aplicar alguma coisa.

Baseados nos estudos do psicólogo americano Howard Gardner, existem nos seres humanos vários tipos de inteligência que deveriam ser exploradas e desenvolvidas pela escola que colaboraria, assim, com um bom desenvolvimento dos alunos. Ele nos fala da inteligência **lingüística,** da inteligência **lógica e matemática,** da inteligência **espacial,** da inteligência **musical,** da inteligência **corporal-cinestésica,** da inteligência **naturalista.**

Gardner não admite e não cita, mas parece haver um certo consenso de que existe uma inteligência **pictográfica,** marcante em desenhistas e pintores.

Celso Antunes fala ainda de inteligência **interpessoal** que diz respeito à capacidade de compreender outras pessoas e o que as motiva, e inteligência **intrapessoal**, (capacidade de auto-estima e formação de um modelo coerente de si mesmo, usando tal modelo para conseguir ser feliz).

Não é preciso estudar para saber que a Escola trabalha apenas as duas primeiras inteligências e ignora as demais. No entanto, dessas as mais importantes para a felicidade pessoal são as duas últimas. De alguma forma acabamos acreditando que podemos tomar decisões e agir movidos pela razão. A emoção, porém, pesa tanto ou mais do que o pensamento.

Daniel Goleman tem estudado e desenvolvido programas que auxiliam a administrar as emoções com sucesso. Para ele, a Inteligência Emocional, pode ser expressa através de cinco pontos:

a) *autoconhecimento – capacidade de identificar seus próprios sentimentos, usando-os para tomar decisões e resolver problemas que resultem na satisfação pessoal;*

b) *administração das emoções – habilidade de controlar impulsos, de aliviar-se da ansiedade e direcionar a raiva à condição correta. Muitas vezes, odiar uma atitude cometida por alguém acaba sendo confundido com um sentimento de ódio contra o autor desse ato;*

c) *empatia – habilidade de se colocar no lugar do outro, entendendo-o e percebendo seus sentimentos e interesses não verbalizados;*

d) *automotivação – a capacidade de preservar e conservar o otimismo sereno, mesmo em condições relativamente adversas;*

e) *capacidade de relacionamento pleno – habilidade de lidar com as reações emocionais de outras pessoas e interagir com elas.*

É claro que currículo que envolva alfabetização

emocional, exige muito mais de uma escola ou de qualquer instituição. Os professores precisariam entender melhor do assunto e aceitar ir além de sua tarefa de "ensinar" alguns conteúdos. Seria também importante envolver comunidade e família, de modo que todos compartilhem o que for sendo trabalhado.

7. FREUD E OS MITOS

A crítica de Sigmund Freud à religião começa em seu ensaio "Atos Obsessivos e Práticas Religiosas," onde ele compara um ritual religioso com os comportamentos cerimoniais dos neuróticos. Tanto no ato religioso como nos atos cerimoniais dos neuróticos, há uma preocupação em realizar cada detalhe, a atenção para nada esquecer e a tendência para complicar cada vez mais o processo. Se houver omissão, há sensação de culpa e medo, e o rito ou cerimônia tem sempre um sentido de proteger o indivíduo contra ameaça de punição. Dessa forma ele considera a neurose obsessiva como uma religião individual, e a religião como uma neurose obsessiva coletiva ou universal.

A linguagem obsessiva e a linguagem neurótica falam de desejos, de tentações, de impulsos, de dúvidas, de mandamentos, de defesas.

Mais tarde, em seu livro "O Futuro de uma Ilusão", Freud anuncia a "morte" da religião e sua substituição pelo conhecimento científico. Segundo sua visão, sendo a religião uma "ilusão" que despreza a realidade, não pode ter importância para uma personalidade madura.

Publicado em 1913, seu livro "Totem e Tabu" procura explicar a religião como fenômeno coletivo e compara os esforços dos povos primitivos para evitarem cuidadosamente todas as possibilidades de incesto, com as precauções de certos doentes contra tendências incestuosas.

Foi ele que tentou dar uma explicação para os mitos

e os totens, e, embora discordando de suas conclusões, devemos reconhecer que muitas de suas críticas à religião são bastante fundamentadas.

Não só Freud, como Nietzsche e Marx causaram com suas teorias um grande impacto nas religiões do Ocidente. A descoberta dos mecanismos psíquicos, a crítica à "moral de escravos" do cristianismo feita por Friederich Nietzsche e a crítica marxista aos objetivos da maioria dos movimentos cristãos alteraram a percepção do homem com relação à religião, à sociedade e a si mesmo. Freud fez com que o homem tomasse consciência da importância da sua vida emocional.

Devido às teorias desses três estudiosos, o homem ocidental pensa e vive de forma diferente. As teorias psicanalíticas influem profundamente hoje não apenas nas terapias psicológicas, mas nas Ciências Sociais, na História e na própria Religião.

Passado um primeiro momento de indignação, a Religião aproveitou-se das críticas de Marx, Freud e Nietzsche e procurou aceitar, mas purificar sua fé, fortalecendo-a, criando novas formas de viver o cristianismo e a religiosidade. Revisando sua posição de ensinar tão-só a resignação e o consolo, as religiões passaram a utilizar o senso de fraternidade e justiça para apelar aos seus adeptos no sentido de reconstruírem a História e se tornarem co-participantes da criação divina.

Freud em especial, desnudando os dualismos matéria-espírito, corpo-alma, sexualidade-afeto, auxilia o crente a se desfazer da concepção errônea do indivíduo e procurar a verdadeira perfeição cristã. Essa perfeição não é mais compreendida como uma purificação das imundícies da matéria, mas como o desenvolvimento das potencialidades do homem. A psicanálise passa a ser, assim, um instrumento para que o homem se conheça e se liberte, colocando em ação sua capacidade potencial de amar a Deus e ao próximo.

8. O ENCANTAMENTO DO REAL

Temos acompanhado, com certa preocupação, os livros que encantam a juventude e encabeçam a lista dos mais vendidos.

Em geral são livros que falam de esoterismo, magia, novas fórmulas para espiritualizar o homem, novas dimensões e novas teorias ou paradigmas.

Além de trazerem muita confusão aos pouco compreendidos conceitos de paradigma, intuição, sincronicidade, sinergia, ressonância mórfica, parece-nos que há nessas obras o objetivo de reencantar o mundo ou o real.

Para atender a necessidade do homem de fugir dos problemas cotidianos, pretende-se dar a ele conhecimentos especiais sobre as leis da vida, de tal forma que ele passe a compreender o mundo como algo cheio de magia. Nossa mente é descrita como elemento capaz de intervir e recriar a realidade. Ela pode, por leis como a de atrair prosperidade, conduzir-nos de modo aparentemente mágico até as coisas que desejamos. Por leis que podemos movimentar, somos capazes de atrair para nós pela força de nosso desejo bem direcionado, fama, fortuna, paz, prosperidade, amor. Aparentemente as coisas acontecem de forma mágica, mas, na verdade, são regidas por leis naturais e científicas que podemos manipular.

Essa literatura atende ao nosso emocional e, como os contos de fadas, mantém a nossa fé no final feliz e na intervenção de seres com poderes especiais a nos auxiliar a resolver os problemas do existir, bem como em nossa possibilidade de atuar sobre leis que conhecemos e nos trarão a solução de nossas dificuldades.

Não iremos criticar tais formas de trabalhar e ver o mundo. Cremos ser bastante o ensino dos espíritos, e, para nós, que estudamos a Doutrina, o encantamento do real já existe, quando o real é cheio de vida, de dinamismo, de solidariedade, como nos ensinam os espíritos. Ademais, a ação dos espíritos, embora não resolvendo de modo mágico os problemas, já por si encanta a nossa realidade e nos dá força por sentirmos sempre um amigo junto de nós, mesmo nos momentos de maior solidão.

Dados da Autora

Maria Eny Rossetini Paiva

Sua trajetória na seara espírita sempre se revestiu de uma característica: um novo bandeiramento, uma visão moderna, ousada, embasada em uma prática libertadora.

Pedagoga com habilitação em Orientação Educacional, Supervisão e Administração Escolar, aposentada como Supervisora de Ensino da Delegacia de Ensino da Secretaria da Educação do Estado de São Paulo.

Ocupou, anteriormente, o cargo de professora das diferentes disciplinas dos Cursos de Formação para o Magistério, passando depois a ser diretora de Escolas de Ensino Secundário e Normal. Lecionou no Curso de Orientação Educacional da Faculdade "Auxilium" de Filosofia, Ciências e Letras de Lins.

Até 1995, foi sócia-proprietária e coordenadora pedagógica do Núcleo Educacional "Piá Oendiara" em Lins. Escola com orientação diferenciada e alternativa, onde testou as modernas teorias integradoras, no campo pedagógico, com resultados surpreendentes. Essa experiência educacional, profundamente modificadora, trouxe-lhe uma riqueza de visão, que só a prática permite.

Na Seara Espírita, milita desde os 15 anos, quando se formou através de estudos que sempre buscou aprofundar nas Mocidades Espíritas e nas sessões de desenvolvimento mediúnico. Médium desde os dezoito anos, tem extensa experiência no campo da comunicabilidade dos espíritos, detendo vasto acervo de casos espirituais interessantíssimos, ocorridos com ela e com o grupo que coordena há mais de 20 anos. Atribui muitas das conclusões arrojadas e inovadoras a que chegou à ação espiritual tanto intuitiva como através dos ensinos diretos dos amigos espirituais, pela vidência e pelo sonho.

Além da vasta experiência como oradora espírita, pois ocupa tribunas em várias partes do Brasil, desde os 19 anos de idade, sempre se preocupou em formar consciências à luz dos princípios espíritas. Para isso organiza e coordena, participa e incentiva Cursos de Espiritismo, Cursos de Educação Espírita, Cursos de Desenvolvimento Mediúnico, Cursos sobre autoconhecimento, Cursos sobre Jesus: visão mitológica, visão espírita e visão histórica, entre outros assuntos. Publicou alguns livros como "As Aristocracias", "Sinais dos tempos" e outros, sempre em parceria, por acreditar em trabalhos de grupos. Foi organizadora e co-autora do primeiro livro que relaciona Ecologia e Espiritismo intitulado "Sobreviver".

Acredita que a teoria é continuamente enriquecida e reformulada pela prática, pelo que não é apenas uma estudiosa de muitos assuntos, mas alguém que procura colocar em prática coisas inovadoras e novos princípios nos campos em que milita. É articulista de vários jornais e revistas espíritas.

Ler o que ela escreve é peregrinar pelo tempo, buscando as origens históricas e evolutivas de nossos modos de ser, é compreender as coisas de modo mais amplo e não com limitação das consciências ainda não despertas para a liberdade e o jogo dos contrastes e forças que desenvolvem nosso espírito imortal. Principalmente lendo seus escritos, percebe-se a ligação entre os princípios e a prática proposta, prática integradora, interessante e diversa daquelas a que estamos acostumados.